BACKEN
DIE KLEINE SCHULE

Rezepte und Fotos
von
Studio Christian Teubner

ZABERT
SANDMANN
VERLAG

Backen – Die kleine Schule

1. Auflage der aktualisierten Neuausgabe 1995

Redaktion:	Angelika Schlenk
Fotografie:	Dorothee Gödert, Odette Teubner
Backstudio / Rezepte:	Christine Reuland
Herstellung:	Peter Karg-Cordes
Druck/Bindung:	New Interlitho, Mailand

ISBN 3-924678-78-2

Inhalt

Was dieses kleine Backbuch so groß macht!

»BACKEN – DIE KLEINE SCHULE« wendet sich gleichermaßen an alle Anfänger, denen der Einstieg ins Backen erleichtert werden soll, wie auch an alle Fortgeschrittenen, die neue Anregungen und wertvolle Tips bei der Zubereitung der verschiedenen Teigarten und Cremes, Füllungen und Garnierungen suchen.
Über 50 Backrezepte werden leicht verständlich und so anschaulich in zahlreichen Phasenfotos dargestellt, jeder wichtige Handgriff so exakt beschrieben, daß auch dem Ungeübten alles auf Anhieb gelingt.
Darüber hinaus erhält der Leser warenkundliche Informationen zu den Zutaten, viele nützliche Backtips und zahlreiche Variationsvorschläge.
Mit anderen Worten:
Das Backbuch mit der Gelinggarantie!

1. Der gar nicht so kleine Unterschied

Wer beim Kochen die Grundrezepte auch nur einigermaßen beherrscht und etwas Fingerspitzengefühl besitzt, wird in aller Regel ein annehmbares Ergebnis erzielen. Noch während der Zubereitung kann man ins Geschehen eingreifen, entweder um ein Gericht zu retten, oder auch um etwas Neues auszuprobieren und selbst neue Geschmacksvariationen zu entdecken. Ganz anders jedoch beim Backen: Ist der Teig zubereitet und hat sich die Ofentüre erst einmal geschlossen, kann der Bäcker nur zuschauen, ob der Biskuitteig wie gewünscht in die Höhe steigt oder eben »sitzenbleibt«.

Das Geheimnis des Backerfolgs liegt in der gewissenhaften Zubereitung des Teiges: Anfängern sei dringend empfohlen, sich genauestens an die Vorgaben im Rezept zu halten, exakt zu wiegen und zu messen und die angegebenen Backzeiten einzuhalten. Ein Eingreifen während des Backprozesses ist so gut wie nicht möglich – also Grund genug, sich genau an die Regeln zu halten. Aber keine Angst vor dem Backen zu Hause: Die Mühe lohnt sich, denn Hausgemachtes schmeckt noch immer am besten!

2. Nichts geht über frische Zutaten

Der größte Vorzug der Hausbäckerei liegt darin, daß man fast ausschließlich mit frischen Zutaten arbeiten kann.

Die »gleichbleibende Qualität« der Erzeugnisse aus den Bäckereien und Konditoreien ist oft lediglich das Ergebnis industriell gefertigter Hilfsmittel – auf die die Hausbäckerei Gott sei Dank verzichten muß. Denn bei einer Biskuittorte, deren Boden noch nach Eiern und deren Creme nach echter Vanille schmeckt, wird der Beifall sicher sein.
Die Zutaten zu den Rezepten in diesem Buch sind überall problemlos erhältlich. Man sollte jedoch nie mehr als nötig einkaufen. Denn auch Produkte wie Mehl und Zucker, besonders aber würzende Zutaten wie Kakao, Nüsse und ähnliches, verlieren mit der Zeit an Qualität.
Bei aller Vorliebe für das »Selbstgemachte« kann es manchmal jedoch geboten erscheinen, auf Halbfertigprodukte, etwa tiefgefrorenen Blätter- oder Strudelteig, zurückzugreifen. Damit läßt sich, wie die Beispiele in dem Buch zeigen, blitzschnell sehr feines Gebäck herstellen. Nur in Ausnahmefällen lohnt es sich, den arbeitsaufwendigen Blätterteig zu Hause selbst zuzubereiten.

3. Backen in größeren Mengen

Ein gravierender Unterschied zwischen Kochen und Backen besteht auch darin, daß man kaum in kleinen Mengen backen kann. Vor allem bei Biskuit, Rühr- und Hefekuchen wird man sich mit einem halben Rezept schwertun. Es kann sich als physikalisch unmöglich erweisen, nur zwei Eigelbe mit der gleichen Menge Eiweiß so luftig aufzuschlagen, wie es mit vier Eiern mühelos gelingt.

4. Problemlösung: Tiefgefrieren

Das Problem der großen Mengen läßt sich beim Backen elegant umgehen, indem man unvollendete (also ungefüllte und unglasierte) Gebäckstücke einfriert und bei Bedarf die nötige Menge auftaut und fertigstellt. Auch bei noch nicht gebackenem Hefeteig, Rührteig, Brandteig und Mürbeteig gelingt dies problemlos. Gebackener Biskuit läßt sich ebenfalls – sei es als kleines Gebäckteilchen, als Tortenboden oder Roulade – ohne größere Qualitätseinbußen in der Kühltruhe aufbewahren und wieder auftauen.
Ähnlich gut vertragen ofenfrische Windbeutel und Eclairs die Kälte. Voraussetzung ist dabei, das Gebäck sorgfältig in Folie einzuwickeln, um Gefrierbrand zu verhindern. Also für den aktuellen Bedarf backen und den Rest auf Vorrat halten.

5. Mit diesem Backbuch geht es ganz einfach

Allein schon die exakten Angaben von Mengen und Zeiten geben dem Anfänger eine gewisse Sicherheit, vorausgesetzt natürlich, er hält sich daran. Die über 600 farbigen Step-by-Step-Fotos, die jeden wichtigen Handgriff erläutern, garantieren für den Erfolg. Alle Grundrezepte der verschiedenen Teigarten und Füllungen werden mindestens einmal als farbige Bildfolge gezeigt. Und wer die Basisrezepte erst einmal beherrscht, kann der eigenen Kreativität freien Lauf lassen und Teige, Füllungen und Glasuren entsprechend miteinander kombinieren.

Das kleine Abc des Bäckers

Aprikotieren
Aprikosenkonfitüre wird erhitzt und anschließend durch ein Sieb gestrichen. Mit dieser Aprikosenkonfitüre wird das Gebäck glasiert, sie dient aber auch als Isolierschutz unter Glasuren sowie Creme- und Obstfüllungen.

Aufbacken
Fertiges Gebäck, das nicht mehr frisch ist, wird nochmals kurz gebacken. Eignet sich für Brötchen, Hefe-, Blätterteig und Plunderteilchen. Nicht geeignet ist Gebäck mit Zuckerguß.

Ausbacken
Gebäck schwimmend im heißen Fett backen.

Backen
Garen von Teigen oder Massen in trockener Hitze bei Temperaturen von 120 bis 250 Grad im Backofen. Während des Backens bräunt das Backgut. Die zuerst trockene Luft im Ofen wird während des Backvorgangs feucht, da das Backgut Feuchtigkeit abgibt.

Baiser (Meringe, Schaumgebäck)
Ein lockeres Gebäck aus Eiweiß und Zucker. Kann mit Schokolade, Mandeln oder Nüssen gemischt werden. Das in verschiedene Formen gespritzte Gebäck kann mit Schlagsahne, Früchten oder Eis gefüllt werden.

Blechkuchen
Kuchen, die auf dem Backblech, nicht in der Form gebacken werden.

Blindbacken
Ein Mürbeteigboden mit Rand wird ohne Füllung vor- oder fertiggebacken. Der Teigboden wird dafür mit Pergamentpapier bedeckt, dann werden getrocknete Bohnen, Erbsen oder Linsen eingefüllt. Dies verhindert, daß der Teigrand einsinkt.
Nach dem Backen das Pergamentpapier vom Teig lösen und die Hülsenfrüchte damit herausheben. Entsprechend dem Rezept füllen und fertig backen.

Dressieren
Gebäckstücke werden mit dem Spritzbeutel geformt.

Fritieren
Gebäck wird schwimmend in heißem Pflanzenfett oder Schmalz ausgebacken.

Garprobe
Bei Plätzchen kann man es an der Oberfläche sehen: Ist sie gelb oder goldbraun, ist das Plätzchen durchgebacken. Bleibt bei flachen Honigkuchen oder Biskuitplatten der Fingerdruck auf der Platte sichtbar, sind sie noch nicht durchgebacken. Bei Kuchen in der Form, Stollen, Zöpfen und Laiben muß vor dem Herausnehmen aus dem Backofen die Stäbchenprobe gemacht werden. Dazu sticht man an der höchsten Stelle des Gebäcks mit einem Zahnstocher oder Holzspießchen hinein, bleiben keine Teigreste daran hängen, ist das Gebäck fertig.

Gerinnen
Wenn die einzelnen Zutaten nicht die gleiche Temperatur haben, können Teige, Cremes oder Saucen gerinnen, d.h. es bilden sich winzig kleine Klümpchen. Durch Erwärmen im heißen Wasserbad lassen sie sich wieder zu einer homogenen Masse verrühren.

Karamel
Geschmolzener Zucker, der sich durch Erhitzen hell- bis kräftig braun färbt. Wegen des Geschmacks wird Zucker meist mit Butter karamelisiert.

Kneten
Die Bestandteile des Teiges kräftig durcharbeiten, zunächst mit dem Rührlöffel – am besten aber gleich mit beiden Händen, bis eine glatte geschmeidige Masse entsteht.

Läuterzucker
Lösung aus Zucker und Wasser, Zubereitung siehe Seite 20. Wird verwendet zum Tränken von Gebäck, für Glasuren und zum Verdünnen von Fondant.

Pâtisserie
= franz. für Konditorei. Man versteht darunter auch alles Gebäck, das dort angeboten wird.

Rühren
Durch Rühren mit dem Kochlöffel, Schneebesen oder dem Rührbesen der Küchenmaschine werden flüssige oder cremige Substanzen in eine homogene Masse verwandelt.

Schlagen
Teig kann mit einem Rührlöffel oder mit den Händen geschlagen werden. Nicht geeignet dafür ist das Rührgerät. Der Teig muß mit dem Rührlöffel oder mit den Händen von unten hochgehoben und fest mit dem restlichen Teig zusammengeschlagen werden.

Schmelzen
Bei sehr milder Hitze wird Fett, Schokolade oder Nougat bis zum Flüssigwerden erhitzt.

Sieben
Durch ein Sieb werden feste Substanzen geschüttet, um größere Fremdstoffe, Verunreinigungen oder auch Klümpchen zurückzuhalten, oder um z. B. Mehl mit Backpulver oder Speisestärke besser zu vermischen.

Touren
Blätter- oder Plunderteig wird nach dem Füllen mit Butter nach bestimmten Richtlinien zusammengeschlagen. Einfache Tour: Den Teig zu einem Rechteck von 45 x 75 cm ausrollen. Das rechte Drittel über das mittlere Drittel klappen. Dann das linke Drittel darüberschlagen. Vor der nächsten Tour 10–20 Minuten im Kühlschrank ruhen lassen. Für die doppelte Tour gleichfalls ein Rechteck ausrollen, beide Seiten bis zur Mitte nach innen klappen und nochmal längs zusammenklappen.

Tränken
Gebäck mit Fruchtsaft, Sirup, Zuckerlösung oder Spirituosen so lange beträufeln, bis es sich vollgesogen hat. Kleinere Gebäckteile, z. B. Portionssavarins, können auch in die Flüssigkeit getaucht werden.

Überbacken (Überkrusten, Gratinieren)
Ein bereits gares Gericht oder Gebäck bekommt durch starke Hitzeeinwirkung von oben eine gebräunte Oberfläche.
Am besten geeignet ist der Elektrogrill oder der Backofen bei eingeschalteter Oberhitze und hoch eingeschobenem Backblech.

Unterheben
Am häufigsten wird vom Unterheben von Eischnee gesprochen. Dazu benutzt man am besten den Holzspatel und hebt die unter dem Eischnee befindliche Teigmasse immer wieder über den Eischnee, bis er völlig vom Teig bedeckt ist.

Unterziehen
Auch hierzu benutzt man am besten den Holzspatel. Man verrührt damit die Teigzutaten nicht rasch, sondern zieht sie langsam untereinander.

Vorheizen
Backofen, Grill, Waffeleisen oder Fett zum Fritieren wird auf die Temperatur gebracht, die man zum Backbeginn benötigt.

Wirken
Runde Teigstücke werden durchgeknetet, damit sie locker werden. Längliche Teigformen werden durch seitliches Einschlagen und Abrollen gewirkt.

Die wichtigsten Backformen

1. Springform mit abnehmbarem Rand. Erhältlich in den Größen 22–28 cm Durchmesser. In Weiß- oder Schwarzblech oder mit Kunststoff beschichtet.

2. Tortenringe aus Aluminium. In den Höhen 4,5 und 6 cm und im Durchmesser von 16–28 cm erhältlich. Zum Backen mit Papierunterlage oder als Füllbehälter geeignet.

3. Gewellte Obstkuchenformen von 18–26 cm Durchmesser, 3 cm Randhöhe. Ideal sind die Formen, deren Boden herausgehoben werden kann.

4. Tortelettförmchen, glatt oder gewellt, in 8, 10 und 12 cm Durchmesser erhältlich.

5. Kastenformen aus Schwarz- oder Weißblech. In den Größen 20, 25, 30 und 35 cm erhältlich.

6. Briocheformen: Die gerippten Formen aus Weißblech sind auch für anderes Gebäck verwendbar.

7. Backblech: 42 x 35 cm ist immer noch die gängige Größe. Die Rezepte in diesem Buch sind darauf abgestimmt.

8. Runde Kuchenform (Pie-Form), 30 cm Durchmesser. Es gibt sie mit und ohne Teflonbeschichtung. Sie hat gegenüber der Springform den Vorteil, daß bei saftigen Obstkuchen keine Flüssigkeit auslaufen kann.

9. Alufolie: Zum Abdecken beim Backen und Auslegen von Formen.

10. Savarinförmchen, 9,4 cm Durchmesser, geeignet zum Backen des berühmten Hefegebäcks.

11. Papierförmchen: Geeignet zum Backen von leichten Teigen wie Biskuit.

12. Rehrückenform, erhältlich in der Größe 27 x 11 cm. Aus Weiß- oder Schwarzblech oder Kupfer. Geeignet für Biskuit und Rührteig.

13. Kranzform (Springform mit Kranzkucheneinsatz): Ideal zum Backen von Sand- und Rührkuchen, aber auch zum Füllen für gestürzte Cremes.

14. Gugelhupfform, erhältlich in verschiedenen Größen und Materialien, z.B. Jenaer Glas, Emaille oder Kupfer.

Vor- und Nachteile der verschiedenen Materialien

Weißblech:
Reflektiert die Ofenhitze mit dem Effekt, daß der Kuchen zwar leicht Farbe annimmt, der Teig innen jedoch länger braucht, um gar zu werden. Daher etwas längere Backzeit bei etwas geringerer Hitze.

Schwarzblech:
Die resorbierte Hitze wird gut und schnell an den Teig weitergeleitet.

Keramik und Glas:
Die Backzeit ist etwas länger, da beide Materialien die Wärme schlecht weitergeben.

Kupfer:
Gut geeignet für Backformen, da es die Wärme gut weiterleitet. Kupferformen sind jedoch aufwendig in der Reinigung.

Kunststoff:
Die Haltbarkeit der Formen ist begrenzt; dürfen nicht im Gasherd verwendet werden.

Innenbeschichtung der Backformen:
Die Beschichtung erleichtert das Herauslösen des Kuchens sowie die Reinigung der Backformen.

Die wichtigsten Utensilien in der Backstube

1. Schneebesen in verschiedenen Größen.

2. Schüsseln aus Edelstahl: In dieser runden Form mit nur leicht abgeflachtem Boden lassen sich Massen leichter schlagen als in flachen Schüsseln.

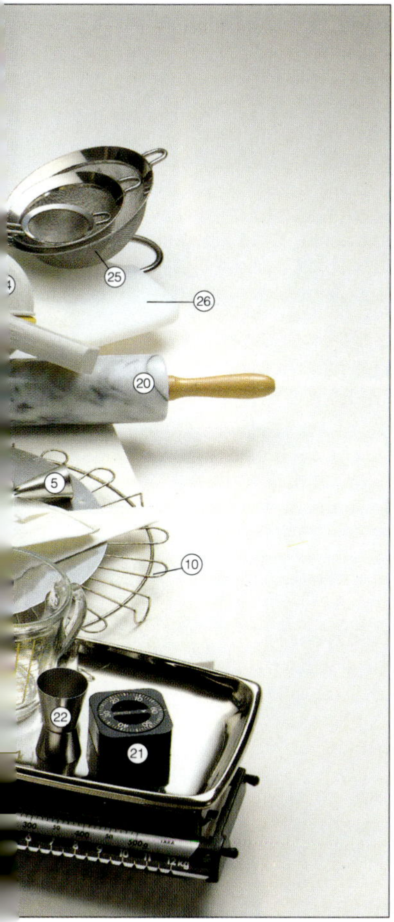

3. Plastikrührschüssel, in verschiedenen Größen.

4. Spritzbeutel aus imprägniertem Gewebe.

5. Spritztüllen: Am meisten gebraucht werden die Sterntülle und die Lochtülle, erhältlich jeweils in den Größen 1–12.

6. Garnierkämme aus Kunststoff zum Dekorieren von Sahne- und Cremeoberflächen.

7. Ausstechersatz, glatt und gewellt.

8. Küchenwaage.

9. Tortenunterlage aus Aluminium.

10. Kuchengitter.

11. Tortenmesser.

12. Paletten in zwei Größen, zum Verstreichen von Cremes und Glasuren.

13. Teigschaber.

14. Officemesser.

15. Obstmesser, Spitzmesser.

16. Zitrusreibe.

17. Backpinsel in verschiedenen Größen.

18. Teigrädchen mit glattem bzw. gezacktem Schnitt.

19. Kernhausausstecher.

20. Rollholz, Nudelholz.

21. Küchenwecker.

22. Kleiner Meßbecher zum Abmessen kleinster Mengen.

23. Großer Meßbecher aus Glas mit cl-Angaben.

24. Mehlrüttelsieb.

25. Feinsiebe in verschiedenen Größen.

26. Arbeitsbrett, aus Kunststoff, Holz oder Marmor.

27. Holzrührlöffel und Holzspatel.

28. Anschlag-Maschine: Diese neuen Haushaltsmaschinen arbeiten nach der Methode der großen Profi-Maschinen. Besonders geeignet für Biskuitteig, Baisermasse, Hefe- und Brandteig.

29. Handmixer mit Rühr- und Knetaufsatz.

30. Schüsseln aus Edelstahl in verschiedenen Größen.

Von Backöfen und Maßen

Welchen Stellenwert das Wiegen und Messen, also das genaue Einhalten der Rezeptvorgaben beim Backen einnimmt, davon war schon die Rede. Ein bißchen anders verhält es sich bei Temperatur und Zeitangaben: Hier gilt es, auf die Eigenheiten des jeweiligen Herdes Rücksicht zu nehmen.

Der Backofen
Gleichgültig, mit welcher Energie er betrieben wird und ob er mit herkömmlicher Strahlungshitze oder mit Heiß-Umluft arbeitet, der Backofen birgt ein Problem, das jeder selbst in den Griff bekommen muß. In den folgenden Rezepten sind Backtemperaturen und Zeiten natürlich immer angegeben, aber sie müssen nicht unbedingt für »Ihren« Ofen stimmen. Trotz fortgeschrittener Technik – die Temperaturen weichen bei den einzelnen Öfen oft beträchtlich von den eingestellten Werten ab. Also sollte man erstens einmal genau die jeweilige Betriebsanleitung beachten und zweitens, so verfügbar, mit einem Thermometer die eingestellten Temperaturwerte kontrollieren. Wer seinen Ofen dann kennt, der wird auch die Angaben im Buch entsprechend übertragen können.

Den Backofen vorheizen?
Eine Frage, die immer wieder auftaucht. Grundsätzlich sollte man davon ausgehen, daß der Ofen beim Einschieben des Backgutes bereits auf die gewünschte Backtemperatur vorgeheizt wurde. Diese Zeit muß man natürlich beim Arbeitsablauf berücksichtigen, sie ist bei jedem Ofen unterschiedlich. Elektroöfen erreichen eine Temperatur von ca. 200 Grad nach 10–20 Minuten, bei Gasfeuerung sind es nur wenige Minuten und bei den Heißluftöfen geht es noch schneller. Aber Vorheizen ist nötig, und alle Rezepte in diesem Buch basieren auf dieser Regel. Nicht unproblematisch sind die Empfehlungen der Hersteller, die »Nachhitze« auszunützen, d. h. den Ofen auszuschalten, bevor das Backgut vollständig gar ist, das dann mit der absinkenden Hitze ausbäckt. Dies kann sich nachteilig auf die Qualität des Gebäcks auswirken.

Abkürzungen für Maßangaben
TL = Teelöffel
EL = Eßlöffel
l = Liter
g = Gramm
kg = Kilogramm
cl = Zentiliter
ml = Milliliter

Richtwerte für Maßangaben

Lebensmittel	EL	TL
Mehl	10 g	3 g
Speisestärke	10 g	5 g
Zucker	15 g	5 g
Salz	10 g	5 g
Fett	15 g	5 g
Öl	10 g	5 g
Puderzucker	10 g	3 g
Semmelbrösel	10 g	4 g
Kakao	8 g	4 g

Die kleinen Kniffe – Gewußt wie

Torten beschweren und kühl stellen

1. So bekommen gefüllte Torten eine gleichmäßige Oberfläche: Eine Tortenscheibe darauflegen und mit einem Gewicht beschweren.

2. Soll die Torte kühl gestellt werden, dann zusätzlich in Folie einwickeln, damit die empfindliche Creme oder der Biskuit keine Fremdgerüche annehmen.

Mit Schokolade garnieren

1. Auf einer Marmorplatte die aufgelöste Kuvertüre (muß nicht temperiert sein) möglichst dünn verstreichen, bis sie fest wird.

2. Sofort mit einem Messer oder besser noch mit einer Spachtel kleine Röllchen formen. Dazu die Spachtel jeweils 2–3 cm vorschieben.

3. Die Schokoladenröllchen im Kühlschrank in einem Behälter völlig erkalten und fest werden lassen. Dann kann man damit garnieren.

Kuvertüre temperieren

1. Die Kuvertüre mit dem Messer zerkleinern. Davon die Hälfte im Wasserbad auflösen.

2. Den Rest der Kuvertüre zugeben und damit die bereits aufgelöste Kuvertüre abkühlen.

3. Hitze abschalten. Sobald die Kuvertüre vollständig aufgelöst ist, aus dem Wasserbad nehmen.

4. Abkühlen, bis die Kuvertüre dickflüssig und zäh ist.

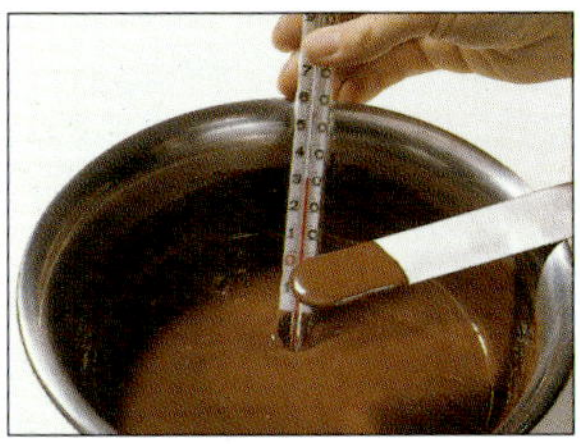

5. Wieder erwärmen bis maximal 32 Grad. Mit der Palette eine Probe entnehmen.

6. Gebäckstücke können in die temperierte Kuvertüre eingetaucht oder damit überzogen werden.

Spritzglasur herstellen

1. 2 TL Eiweiß, 1 Spritzer Zitronensaft und ca. 50 g Puderzucker vermischen. (Zuckermenge ist nur ein Richtwert und muß eventuell korrigiert werden).

2. Mit nur einem Besen des Handrührgerätes schaumig rühren. Die Glasur muß so fest sein, daß die Konturen sichtbar bleiben.

3. Mit der Pergamenttüte auf Papier Ornamente und Figuren spritzen. Über Nacht trocknen lassen, dann lassen sie sich mühelos abheben.

Spritztüte herstellen

1. Das zum Dreieck geklappte Quadrat mit Daumen und Zeigefinger in der Mitte der Längsseite fassen und mit der anderen Hand nach links eindrehen.

2. Weiter aufdrehen und dabei mit der linken Hand die Spitze der Tüte festhalten.

3. Das überstehende Papierende nach innen falten und damit die Tüte fixieren.

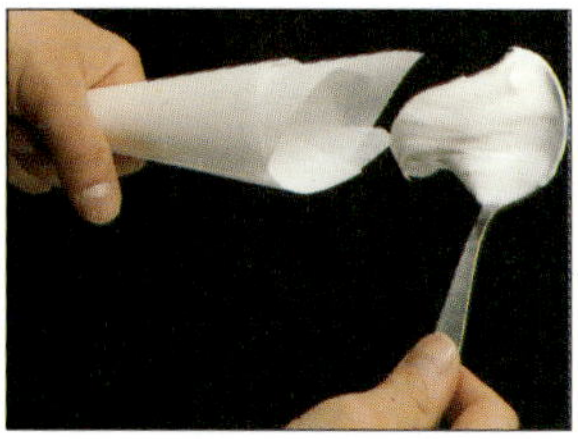

4. Die Spritzglasur einfüllen und darauf achten, daß der Rand der Tüte sauber bleibt.

5. Beim Zusammenfalten muß das seitliche Ende des Papiers nach hinten zeigen. Die Luft aus der Tüte drücken, dann die Enden von außen nach innen zusammenfalten.

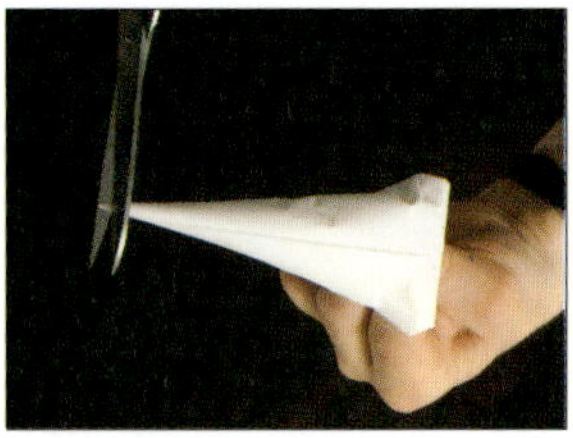

6. Mit einer scharfen Schere die Spitze abschneiden. Die Größe der Öffnung bestimmt dann die Stärke des Spritzfadens.

Marzipan anwirken

1. Die Marzipanrohmasse mit der halben Menge Puderzucker (z.B. 200 g Rohmasse/100 g Puderzucker) auf einer sauberen Arbeitsfläche anwirken.

2. Nur so lange wirken, bis sich der Zucker vollständig in der Rohmasse gelöst hat, weil er durch zu langes Bearbeiten brüchig würde.

3. Zum Ausrollen oder Formen die Arbeitsfläche ganz dünn mit Puderzucker besieben. Ebenfalls die Oberfläche, damit das Rollholz nicht anklebt.

Stäbchenprobe

1. Mit einem Holzstäbchen in die Mitte des Kuchens stechen, um zu sehen, ob der Kuchen fertiggebacken ist.

2. Sind am Holzstäbchen noch Teigreste zu sehen, ist der Kuchen noch nicht fertig und muß weitergebacken werden.

3. Der Kuchen ist fertig, wenn das Holzstäbchen trocken bleibt und keine Teigreste mehr zu erkennen sind.

Läuterzucker herstellen

1. 500 g Zucker mit 1/2 l Wasser kochen, bis er sich vollständig aufgelöst hat, jedoch nicht länger als 3 Minuten.

2. Während des Kochens mit einem nassen Pinsel die Zuckerkristalle vom Topfrand wischen.

3. Abgekühlt in eine Flasche abfüllen. Er hält sich im Kühlschrank einige Wochen.

Mandeln abziehen

1. Die ganzen Mandeln in kochendes Wasser geben, einmal aufkochen lassen, dann abseihen.

2. Mit kaltem Wasser abschrecken und die Schale mit Daumen und Zeigefinger entfernen.

3. Die abgezogenen Mandeln auf einem Tuch trocknen lassen.

Gelatine auflösen

1. Die Gelatineblätter einrollen und in einem Gefäß mit ausreichend Wasser einweichen, damit sie sich genügend mit Wasser vollsaugen können.

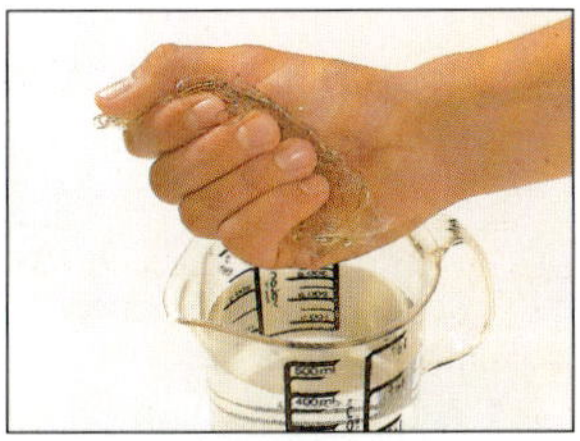

2. Nach etwa 10 Minuten die Gelatine herausnehmen und kräftig ausdrücken. Zuviel Wasser würde die Gelierfähigkeit herabsetzen.

3. In einer kleinen Kasserolle bei sehr geringer Hitze auflösen. Wird die Gelatine einer warmen Flüssigkeit zugesetzt, können die eingeweichten Blätter direkt zugegeben werden.

Vanillezucker herstellen

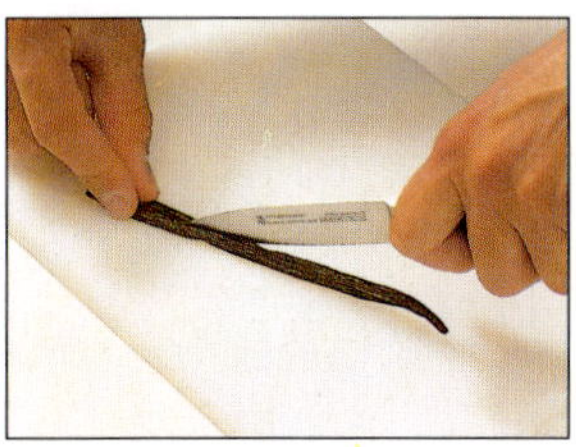

1. Die Schote mit einem kleinen Messer längs aufschneiden. So kann man damit Flüssigkeit, z.B. Milch, aromatisieren.

2. Die kleinen schwarzen Samenkörner mit dem Messer aus den beiden Hälften herausschaben und anderweitig zum Würzen verwenden.

3. Die leeren Schoten geben noch genug Aroma ab, um Zucker in einem gut verschlossenen Glas in Vanillezucker zu verwandeln.

Marmorkuchen

(Grundrezept Rührteig)

WARENKUNDE

Schokoladenpulver

Schokoladen- oder Kakaopulver wird aus den gerösteten Bohnen reifer Kakaoschoten gewonnen, den bis zu 3 cm langen Samenkörnern des in tropischen Ländern wachsenden Kakaobaumes. Das in den Bohnen enthaltene Fett, die sogenannte Kakaobutter, wird nach dem Zermahlen der Bohnen entzogen. Kakaopulver hat eine sattbraune Farbe und glänzt ölig. Zum Backen verwendet man am besten das stark entölte und aromatischere Kakaopulver, das nur noch etwa 8 Prozent Kakaobutter enthält. Bereits in frühesten Zeiten galt Kakaopulver als Kostbarkeit. Schon die Maja-, Inka- und Aztekenvölker kannten ein mit Ingwer, Vanille und anderen Gewürzen aromatisiertes Schokoladengetränk, von dem nur Auserwählte kosten durften. Der spanische Konquistador Hernan Cortes brachte den Kakao und das Geheimnis seiner Zubereitung nach Europa. In Deutschland ist die Schokolade seit 1640 bekannt.

ZUTATEN

250 g weiche Butter
250 g Zucker
1 EL Vanillezucker
4 Eier
400 g Mehl
100 g Speisestärke (z. B. Mondamin
1 Päckchen Backpulver
1 Prise Salz
0,1 l Milch
2 cl Rum
30 g Kakaopulver
1 EL Puderzucker
4 EL Semmelbrösel

KÜCHENGERÄTE

Napfkuchenform, 21 cm Durchmesser
2 große Schüsseln
Handquirl oder Küchenmaschine
Mehlsieb
Meßbecher
1 kleines Sieb
Kuchengitter

ZEIT

Vorbereitungszeit:
30 Minuten

Backzeit:
60 Minuten

WICHTIGE TIPS

1. Damit ein schöner, glatter Teig entsteht, müssen alle Zutaten Zimmertemperatur haben. Dafür Butter, Eier und Milch rechtzeitig, d.h. ungefähr 30–40 Minuten vor Backbeginn, aus dem Kühlschrank nehmen.
2. Das Kakaopulver sollte möglichst stark entölt sein: dadurch kommt das Aroma am besten zur Geltung.
3. Wenn es schnell gehen soll, alle Zutaten in der angegebenen Reihenfolge in eine Schüssel geben. Mit dem Handrührgerät oder der Küchenmaschine zunächst auf kleiner Stufe verrühren, dann etwa 1 1/2 Minuten auf höchster Stufe.

ZUBEREITUNG MARMORKUCHEN

1. Butter schaumig rühren, Zucker und Vanillezucker zugeben.

2. Eier nacheinander hinzufügen und untermischen.

3. Mehl mit Stärke, Backpulver und Salz mischen und dazusieben.

4. Milch zugießen und vermischen.

5. Rum zugießen und vermischen.

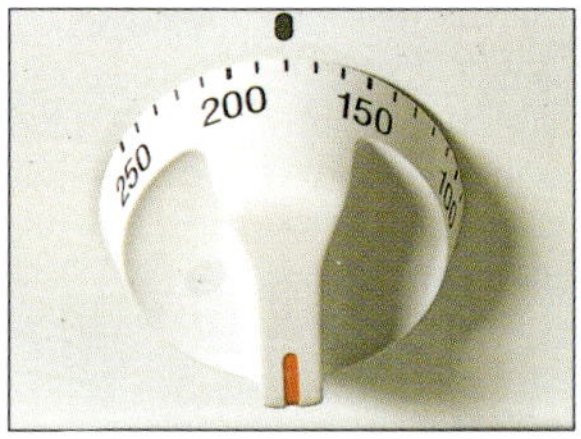

6. Backofen auf 180 Grad vorheizen.

7. 1/3 der Teigmasse mit dem Kakao vermengen.

8. Form fetten und mit Semmelbrösel ausstreuen.

9. Abwechselnd dunklen und hellen Teig mit dem Löffel einfüllen.

10. Mit einer Gabel leicht mischen, so daß ein Marmormuster entsteht.

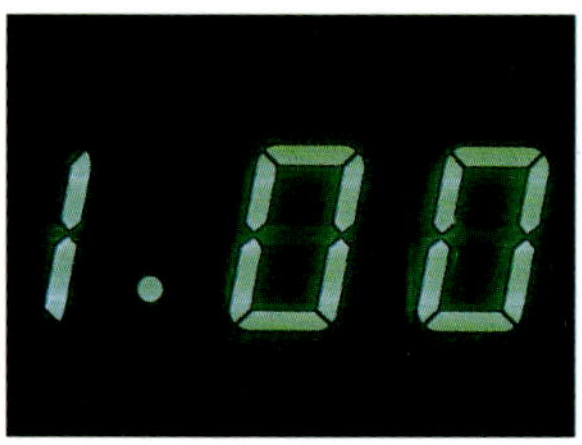

11. 60 – 65 Minuten auf mittlerer Schiene backen.

12. Abgekühlten Kuchen aus der Form stürzen, mit Puderzucker überstäuben.

REZEPT

1. Die Butter in einer Schüssel schaumig rühren, dabei nach und nach Zucker und Vanillezucker hinzufügen.
2. Die Eier aufschlagen und nacheinander unterrühren.
3. Das Mehl mit Speisestärke, Backpulver und Salz mischen und abwechselnd mit der Milch in die Schaummasse rühren.
4. Den Rum zugeben und verrühren.
5. Die Backform gut mit Butter ausstreichen und mit Semmelbröseln ausstreuen.
6. Backofen auf 180 Grad vorheizen.
7. 2/3 des Teiges in eine Schüssel füllen. Den restlichen Teig mit dem Kakaopulver mischen. Abwechselnd dunklen und hellen Teig in die Form einfüllen. Mit einer Gabel leicht mischen, so daß ein Marmormuster entsteht.
8. Auf der mittleren Schiene 60 – 65 Minuten backen. Um festzustellen, ob der Kuchen fertig ist, mit einem Holzspießchen die Garprobe machen: Bleibt noch Teig haften, muß der Kuchen noch einige Minuten backen.
9. Den abgekühlten Kuchen aus der Form stürzen und mit Puderzucker überstäuben. Oder: Den fertigen Marmorkuchen mit Schokoladenkuvertüre überziehen. Dafür 250 g Kuvertüre langsam im Wasserbad schmelzen lassen und den Kuchen damit übergießen.

VARIATIONEN

1. Anstelle der Schokolade die abgeriebene Schale einer unbehandelten Zitrone unter den Teig mischen. Der fertiggebackene Kuchen wird mit einem Guß aus 150 g Puderzucker und dem Saft von 1 Zitrone überzogen.
2. Geben Sie zusätzlich unter den dunklen Teig noch etwas abgeriebene Orangenschale und 50 g kleingehacktes Marzipan.
3. Mischen Sie unter den hellen Teig noch zusätzlich 75 g gehackte Pistazien.

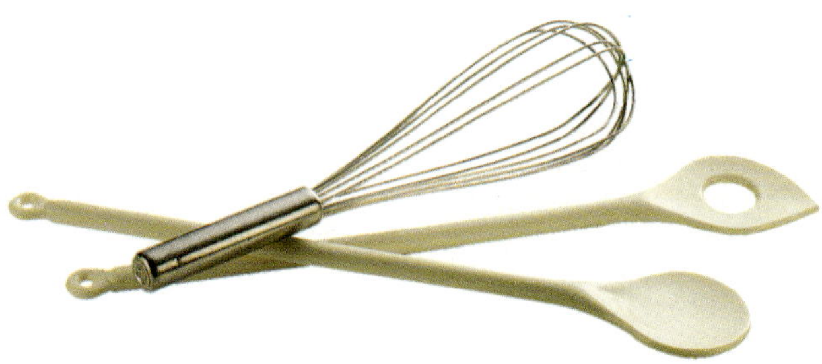

Gewürzkirschkuchen

WARENKUNDE

Nelken
Es sind die Gewürznelken, die den berühmten Salzburger Gewürzsträußchen ihren wunderbaren Duft verleihen. Sie sehen aus wie kleine Nägel und werden im Volksmund auch so genannt: Nägelchen.
Bei der Gewürznelke handelt es sich um die getrockneten Knospen des tropischen Nelkenbaumes. Sie ist mit der Gartennelke eng verwandt und ähnelt ihr auch im Duft. Im Geschmack ist sie sehr würzig, scharf bis brennend.
Nelken sollten wegen ihres intensiven Aromas immer nur sehr sparsam verwendet werden, um nicht hervorzuschmekken. Sie gehören in alles süß-sauer Eingelegte, in Marinaden, Beizen, aber auch in Fruchtsuppen und Kompott. Zu Nelkenpulver gemahlen paßt das Gewürz zu dunklem Fleisch und Saucen – vor allem aber auch zu Weihnachtsgebäck und Gewürzkuchen.

ZUTATEN

750 g Sauerkirschen (aus dem Glas)
250 g Butter
200 g Zucker
1 Päckchen Vanillinzucker
Salz
5 Eier
1 gestrichener TL gemahlener Zimt
1 Messerspitze gemahlene Nelken
4 cl Amaretto
150 g Weizenmehl
50 g Speisestärke (z. B. Mondamin)
1 gehäufter TL Backpulver
200 g unabgezogene, gemahlene Mandeln
4 EL Semmelbrösel
Puderzucker zum Besieben

KÜCHENGERÄTE

Herrentortenform, 28 cm Durchmesser
Handquirl oder Küchenmaschine
1 große und 1 kleine Schüssel
1 großes und 1 kleines Sieb
Meßbecher
Mehlsieb
Backpinsel
Teigschaber

ZEIT

Vorbereitungszeit:
45 Minuten

Backzeit:
60 Minuten

WICHTIGER TIP

Die Sauerkirschen gut abtropfen lassen, bevor sie auf den Kuchen kommen. Der Saft durchweicht sonst den Teig und die Kirschen sinken alle auf den Boden ab.

ZUBEREITUNG GEWÜRZKIRSCHKUCHEN

1. Kirschen abtropfen lassen.

2. Butter geschmeidig rühren. Zucker und Salz langsam einrieseln lassen.

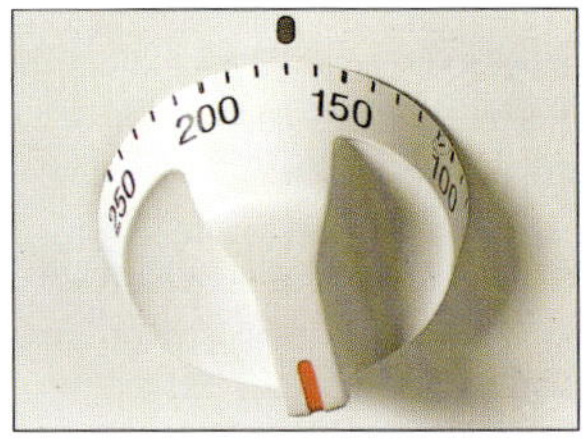

3. Backofen auf 170 Grad vorheizen.

4. Eier nacheinander zugeben und vermischen.

5. Gewürze und Amaretto zugeben und unterrühren.

6. Form fetten und mit Semmelbröseln ausstreuen.

7. Mehl und Backpulver mischen und zum Teig geben.

8. Gemahlene Mandeln dazugeben und verrühren.

9. 2/3 des Teiges in die Form füllen und glattstreichen.

10. Kirschen darauf verteilen und restlichen Teig darüberstreichen.

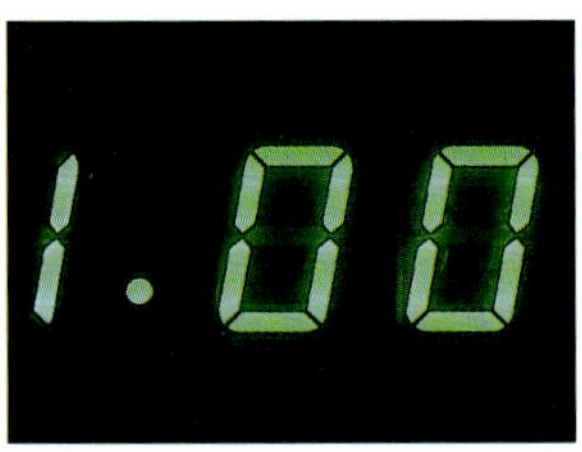

11. Auf mittlerer Schiene ca. 60 Minuten backen.

12. Den erkalteten Kuchen mit Puderzucker überstäuben.

REZEPT

1. Die Sauerkirschen in einem Sieb abtropfen lassen.
2. Die Butter geschmeidig rühren. Nach und nach Zucker, Vanillin-Zucker, Salz, Eier, Gewürze und Amaretto dazugeben und gut unterrühren.
3. Das Mehl mit dem Backpulver mischen, sieben und eßlöffelweise mit den Mandeln unterrühren. (Anstelle der Mandeln können genauso gut auch Haselnüsse oder Walnüsse verwendet werden.)
4. Backofen auf 170 Grad vorheizen. Eine Herrentortenform gut fetten und mit Semmelbröseln ausstreuen.
5. 2/3 des Teiges in die gut gefettete Herrentortenform füllen und glattstreichen.
6. Die gut abgetropften Sauerkirschen auf den Teig geben, leicht andrücken und den restlichen Teig darüberstreichen.
7. Auf der mittleren Schiene ca. 60 Minuten backen.
8. Den erkalteten Kuchen aus der Form stürzen und mit Puderzucker überstäuben. Oder: Den fertigen Kuchen mit Aprikosenkonfitüre bestreichen und mit Mandelblättchen bestreuen.

VARIATIONEN

1. Statt der Sauerkirschen können auch 150 g kandierte Kirschen und 50 g Zitronat genommen werden. Die Kirschen in kleine Würfel schneiden und zusammen mit dem Zitronat unter den Teig mischen.
2. Wer den Gewürzkuchen noch kräftiger gewürzt haben möchte, kann zusätzlich zu Zimt und Nelken noch 1/2 TL Piment und 1/2 TL geriebene Muskatnuß geben.
3. Nach dem Backen mit einem kleinen Schuß Kirschwasser tränken: Dazu mit einem Holzstäbchen mehrere kleine Löcher in die Kuchenoberfläche stechen. Anschließend das Kirschwasser gleichmäßig darüberträufeln.

Königskuchen

WARENKUNDE

Zitronat
Ein Königskuchen ohne Zitronat verdient seinen Namen nicht, auch wenn Kinder die glasigen Fruchtstückchen gerne am Tellerrand liegenlassen. Zitronat ist die kandierte Schale der Zedratzitrone, der Urmutter aller Zitrusfrüchte. Diese Frucht wird im Mittelmeerraum kultiviert. Sie hat wenig Saft, dafür aber um so mehr Schale und wird bis zu 3 kg schwer. Unreif geerntet, unterwirft man die Zedratzitrone einer langwierigen Behandlung, um sie durch und durch mit Zuckersirup zu tränken. Die kandierte Schale wird sodann gehackt und kommt portionsgerecht in den Handel. Manchmal bekommt man auch große Stücke zu kaufen. Hier sollte man zugreifen und die kleine Mühe nicht scheuen, sie direkt vor der Verarbeitung selbst zu zerkleinern. So schmeckt Zitronat im Kuchen ungleich würziger.

ZUTATEN

100 g Rosinen
40 g Zitronat
2 cl feiner Rum
110 g Butter
200 g Zucker
abgeriebene Schale einer unbehandelten Zitrone oder Limette
6 Eier
200 g Mehl
Puderzucker zum Überstäuben

KÜCHENGERÄTE

Kastenform, 30 cm lang
1 große und 2 kleine Schüsseln
Handquirl oder Küchenmaschine
Mehlsieb
Zitrusreibe
Meßbecher
Holzspatel
Teigschaber
Backpapier
Bleistift und Schere

ZEIT

Vorbereitungszeit:
50 Minuten

Ruhezeit:
60 Minuten

Backzeit:
60 Minuten

WICHTIGE TIPS

1. Den steifgeschlagenen Eischnee vorsichtig unterheben, dabei die Eischneemasse nie auf einmal, sondern immer zuerst nur 1/3 und danach den restlichen Eischnee dazugeben. Dabei sorgsam umgehen, damit die Masse nicht zuviel an Volumen verliert.
2. Die in Rum eingeweichte Rosinen-Zitronat-Mischung in Mehl wenden, bevor sie unter den Teig gerührt wird. Dadurch verteilt sie sich besser im Teig und sinkt nicht ab.
3. Der Kuchen wird besonders fein und zart, wenn Sie den Teig mit Speisestärke zubereiten. Dafür die Hälfte des Mehls durch Speisestärke ersetzen.

ZUBEREITUNG KÖNIGSKUCHEN

1. Zitronat in feine Würfel schneiden.

2. Zu den Rosinen geben und mit Rum übergießen.

3. Form auf Backpapier zeichnen und ausschneiden.

4. Backpapier entlang den Bleistiftlinien falten.

5. Backform mit dem gefalteten Backpapier auslegen.

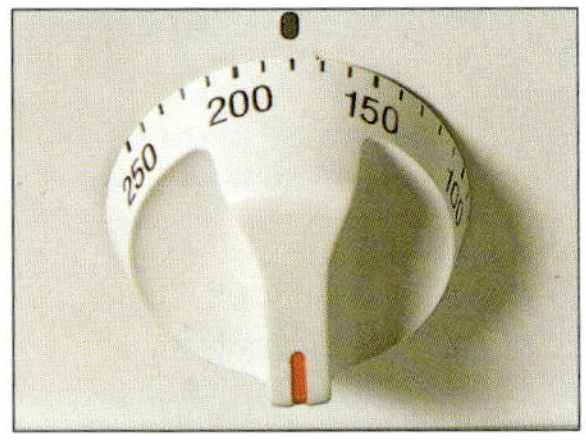

6. Backofen auf 180 Grad vorheizen.

7. Butter mit $^1/_3$ des Zuckers schaumig schlagen.

8. Zitronenschale abreiben.

9. Eiweiß und Eigelb trennen.

10. Eigelb nach und nach unter die Buttermasse rühren.

11. Eischnee mit restlichem Zucker steif schlagen.

12. Rosinen und Zitronat in Mehl wenden.

13. 1/3 des Eischnees mit dem Holzspatel unterziehen.

14. Restlichen Eischnee und Rosinen-Zitronat-Mischung unterheben.

15. Teig in die Form füllen.

16. Teigmasse glattstreichen.

17. Auf mittlerer Schiene 50–60 Minuten backen.

18. Aus der Form stürzen und das Backpapier abziehen.

REZEPT

1. Die Rosinen und das feingehackte Zitronat in eine Schüssel geben, mit Rum übergießen und zugedeckt eine Stunde ziehen lassen.
2. Form mit Backpapier auslegen. Backofen auf 180 Grad vorheizen.
3. Butter mit 1/3 des Zuckers und der abgeriebenen Zitronenschale schaumig rühren.
4. Die Eier trennen, das Eigelb nach und nach unter die Schaummasse rühren.
5. Eiweiß zu Schnee schlagen und den restlichen Zucker langsam einrieseln lassen, bis ein schnittfester Schnee entstanden ist.
6. Rosinen und Zitronat mit dem Mehl vermischen.
7. Zuerst etwa 1/3 des Eischnees mit dem Holzspatel gründlich unter die Buttermasse rühren. Den restlichen Eischnee und gleichzeitig die Mehl-Rosinen-Zitronat-Mischung zugeben und vorsichtig unterheben.
8. In die Form füllen und die Oberfläche mit einem Teigschaber glattstreichen.
9. Ca. 50–60 Minuten auf der mittleren Schiene backen.
10. Den Kuchen erst 10 Minuten in der Form abkühlen lassen, bevor er gestürzt wird. Abgekühlt mit Puderzucker überstäuben.

VARIATIONEN

1. Wenn der Königskuchen farbenfroher sein darf, kann man zu den Rosinen und dem Zitronat auch 100 g in feine Würfel geschnittene, kandierte Kirschen geben.
2. Eine besondere Note erhält der Kuchen, wenn zu den genannten Zutaten noch 100 g grob gehackte Pinienkerne hinzukommen.
3. Den fertig gebackenen Kuchen mit 250 g dunkler Schokoladenkuvertüre überziehen. Nach Belieben die noch nicht fest gewordene Kuvertüre mit kandierten Kirschen verzieren.

Vollkornwaffeln

WARENKUNDE

Backpulver
Natron ist eines der bekanntesten Treibmittel für Kuchenteige. Es ist auch Hauptbestandteil des Backpulvers, wie es heute überall in kleinen Päckchen angeboten wird. Neben Natron besteht Backpulver aus einem Säureträger (Weinsäure oder Weinstein) und einer Puderstärke. Die Stärke soll bewirken, daß Natron und Säure nicht vorzeitig miteinander reagieren. Erst im feuchten und warmen Milieu des Teiges lösen die verschiedenen Stoffe des Backpulvers eine Gärung aus. Es entsteht Kohlendioxid, das den Teig mit Tausenden kleiner Gasbläschen durchsetzt und locker macht.
Je nach Wahl des Säureträgers kann Backpulver für eine schneller oder langsamer wirkende Triebkraft zusammengestellt werden.
Im fertigen Kuchen oder Kleingebäck soll das Backpulver niemals hervorschmecken. Deshalb müssen die Dosierungsangaben auf den Packungen genau beachtet werden.

ZUTATEN

für ca. 10 Waffeln:

125 g Butter
50 g Zucker
2 EL Vanillezucker
1 Prise Salz
4 Eier
abgeriebene Schale einer unbehandelten Zitrone
250 g Weizenvollkornmehl
1 gestrichener TL Backpulver
knapp 1/4 l Buttermilch
Öl für das Waffeleisen
2 EL Puderzucker

KÜCHENGERÄTE

Waffeleisen
1 große Schüssel
Handquirl oder Küchenmaschine
Meßbecher
Backpinsel
Schöpfkelle
Palette
Schere

ZEIT

Vorbereitungszeit:
25 Minuten

Backzeit:
4 Minuten pro Waffel

WICHTIGER TIP

Gebackene Waffeln sind tiefgefroren ca. 3 Monate haltbar. Die Waffeln dafür durch Klarsichtfolie voneinander getrennt einfrieren. Noch gefroren bei 220 Grad ca. 10 Minuten im Backofen aufbacken.

ZUBEREITUNG VOLLKORNWAFFELN

1. Eier zur Butter-Zucker-Masse in die Rührschüssel geben.

2. Zitronenschale abreiben und zur Mischung geben.

3. Mehl dazugeben.

4. Buttermilch unterrühren.

5. Vorheizen des Waffeleisens (Stufe 4,5).

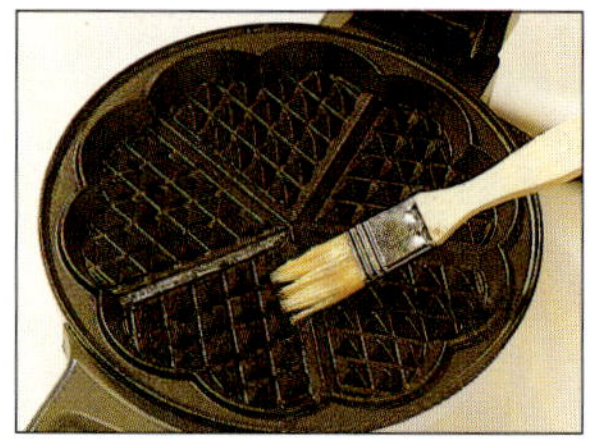

6. Waffeleisen mit Öl bepinseln.

7. Temperatur zurückstellen (Stufe 3,5).

8. Pro Waffel 2 Schöpflöffel Teig einfüllen.

9. Teig glattstreichen.

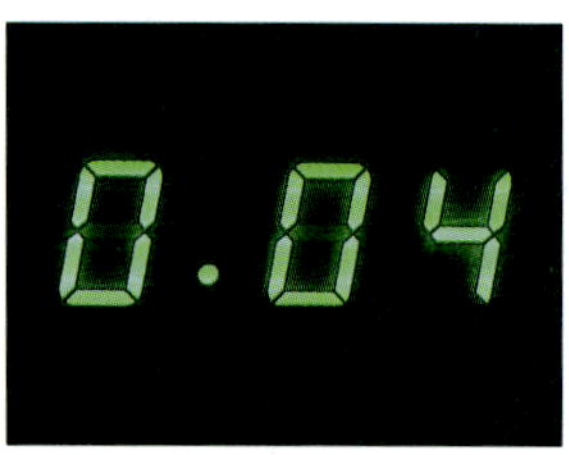

10. Jede Waffel 4 Minuten backen.

11. Waffeleisen öffnen und die Waffel herausnehmen.

12. Ränder mit einer Schere abschneiden.

REZEPT

1. Butter und Zucker schaumig rühren. Vanillezucker und Salz zugeben.
2. Nach und nach die Eier dazugeben und unterrühren.
3. Die Zitrone abreiben.
4. Mehl mit Backpulver mischen und mit der Buttermilch zur Butter-Eier-Masse geben.
5. Waffeleisen auf Stufe 4,5 vorheizen. Leicht einölen und die Temperatur auf Stufe 3,5 zurückschalten.
6. Jeweils 2 Schöpflöffel Teig hineinfüllen und ca. 4 Minuten goldbraun backen.
7. Die noch heißen Waffeln mit Puderzucker überstäuben oder mit Sahne und Früchten servieren.

VARIATIONEN

1. Die Waffeln mit Schokoladensauce überziehen. Dafür 150 g Zartbitterschokolade in Stücke brechen. In einem Topf mit 6 EL Wasser langsam erwärmen. 20 g Butter in einem anderen Topf zerlassen. 1/8 l Sahne mit 1 EL Puderzucker steif schlagen. Butter und Sahne unter die warme, geschmolzene Schokolade ziehen. Sofort servieren.
2. Die Waffeln mit Früchtepüree und Eis servieren.
3. Die Waffeln mit Zimtzucker bestreuen. Dazu Apfelmus reichen.
4. Zu den Waffeln verschiedene Sorten von Konfitüre servieren.
5. Die fertigen Waffeln mit Ahornsirup übergießen.

Sandwaffeln

1. 250 g Butter in eine Schüssel geben.
2. Abgeriebene Schale von 1/2 Zitrone, 200 g Zucker, 4 Eier, 150 Speisestärke, 150 g Mehl und 1 Messerspitze Backpulver daraufgeben und alles mit einem Handrührgerät auf der höchsten Schaltstufe gut verrühren. Gesamtrührdauer: etwa 2 Minuten.
3. Zuletzt 1 EL Zitronensaft unter den Teig rühren.
4. Weitere Zubereitung wie bei den Vollkornwaffeln ab Schritt 5.

Johannisbeerkuchen mit Baiserhaube

WARENKUNDE

Johannisbeeren
Die Johannisbeere ist botanisch gesehen eigentlich eine Stachelbeere, nur hat sie im Laufe der Evolution ihre Stacheln eingebüßt. Erntezeit ist der Frühsommer um den 24. Juli, das Fest des heiligen Johannes – daher der Name. Der Johannisbeerstrauch wird in Mitteleuropa etwa seit dem 15. Jahrhundert kultiviert. Die roten Beeren schmecken herbsüß und sind reich an Vitaminen und Mineralstoffen. Neben der roten gibt es noch die schwarze Johannisbeere (aus welcher der Cassislikör hergestellt wird) und eine grünweißliche Beerensorte.
In der Küche sind Johannisbeeren sehr vielseitig verwendbar. Sie schmekken genauso gut als Belag für Obstkuchen wie verarbeitet zu Gelee, Marmelade, Saft oder Fruchtwein.

ZUTATEN

Für den Rührteig:

250 g Butter
220 g Zucker
2 Eier
3 Eigelb
1 Prise Salz
400 g Mehl
100 g Speisestärke (z. B. Mondamin)
1 Päckchen Backpulver
1/16–1/8 l Milch
100 g Haselnüsse

Für den Belag:

1 kg Johannisbeeren (abgezupft 950 g)
3 Eiweiß
150 g Zucker

KÜCHENGERÄTE

tiefes Backblech oder Fettpfanne
Küchenmaschine oder Handquirl
1 große Schüssel
Mehlsieb
Meßbecher
Palette
Teigkärtchen

ZEIT

Vorbereitungszeit:
60 Minuten

Backzeit:
45 Minuten

WICHTIGE TIPS

1. Zubereitung des Rührteigs siehe Grundrezept Seite 24/25.
2. Für die offene Seite des Backblechs aus Alufolie einen stabilen Rand formen. So läuft kein Teig herunter.
3. Wenn Sie die Nüsse in einer beschichteten Pfanne kurz anrösten, entwickelt sich ein besonders intensives Nußaroma.
4. Mit Hilfe einer Gabel lassen sich die Johannisbeeren leicht von den Rispen streichen.
5. Die Baiserhaube ist fertiggebacken, wenn sich ihre Spitzen zu bräunen beginnen.

ZUBEREITUNG JOHANNISBEERKUCHEN MIT BAISERHAUBE

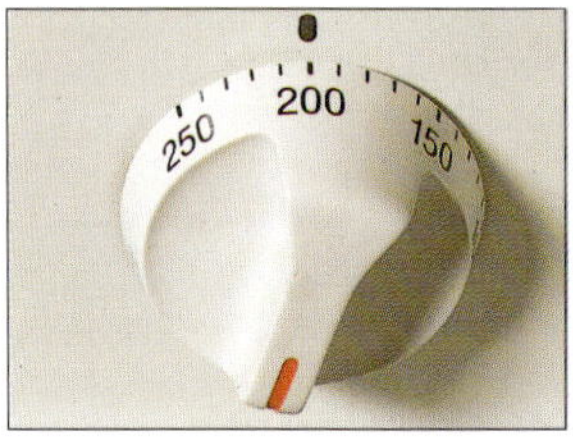

1. Backofen auf 200 Grad vorheizen.

2. Haselnüsse mit einem Messer grob hacken.

3. Gehackte Nüsse zum Teig geben.

4. Blech fetten und mit Semmelbröseln ausstreuen.

5. Teig auf das Blech geben, mit Teigkärtchen glattstreichen.

6. Johannisbeeren von den Stielen abzupfen.

7. Johannisbeeren gleichmäßig auf dem Teig verteilen.

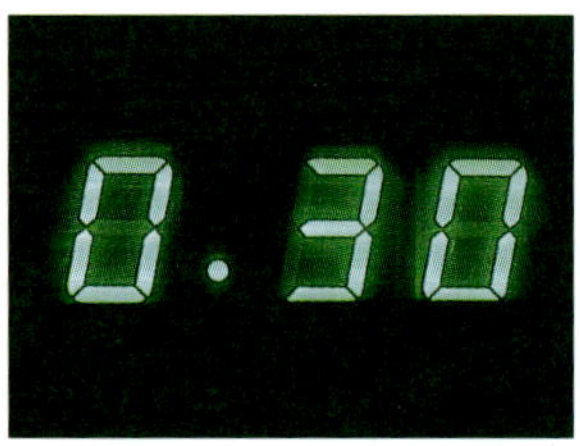

8. 30 Minuten auf mittlerer Schiene backen.

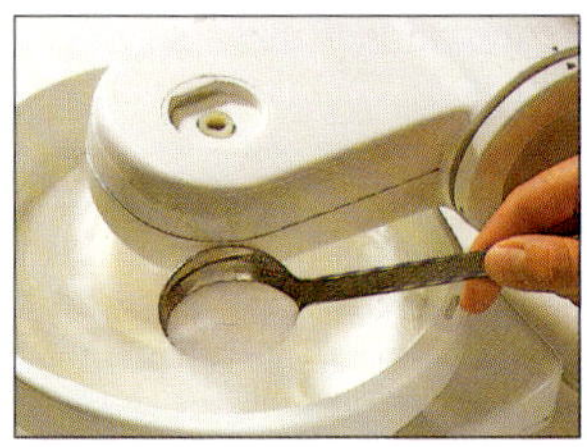

9. Eiweiß steif schlagen, den Zucker zugeben.

10. Schaummasse auf Johannisbeeren verteilen.

11. Mit einer Palette flockig verstreichen.

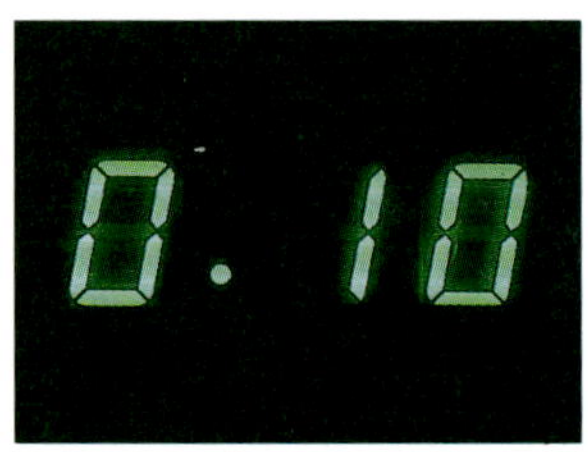

12. 10–15 Minuten auf mittlerer Schiene backen.

REZEPT

1. Die Butter mit dem Zucker schaumig rühren.
2. Eier, Eigelb und Salz zugeben und alles gut miteinander verrühren.
3. Das Mehl mit dem Backpulver mischen und sieben. Mit der Milch abwechselnd zur Butter-Eier-Masse geben und gründlich vermischen.
4. Die Haselnüsse mit einem Messer grob hacken und unter den Teig rühren.
5. Das Backblech gut fetten und mit Bröseln ausstreuen. Backofen auf 200 Grad vorheizen.
6. Den Teig auf das Blech streichen.
7. Die Johannisbeeren waschen und entstielen und auf dem Teig verteilen.
8. Auf der mittleren Schiene 30 Minuten backen.
9. Den Kuchen aus dem Ofen nehmen und die Temperatur auf 150 Grad reduzieren.
10. Inzwischen das Eiweiß mit dem Zucker steif schlagen und auf dem gebackenen Kuchen gleichmäßig verstreichen.
11. Weitere 10–15 Minuten backen. Etwas abkühlen lassen und danach in Stücke schneiden.

VARIATIONEN

1. Sehr gut schmeckt dieser Kuchen auch mit 750 g frischen Himbeeren oder Stachelbeeren.
2. Das Obst statt mit einer Baiserhaube mit einer Biskuithaube bedecken. (Dafür aber den Rührteig mit 4 Eiern zubereiten!) Für die Biskuithaube 3 Eiweiß mit 3 EL kaltem Wasser steif schlagen. 150 g Zucker unter Schlagen einrieseln lassen. 3 Eigelb leicht unter die Eiweißmasse ziehen und zuletzt eine Mischung aus 50 g Speisestärke, 50 g Mehl und 1 gestrichenen TL Backpulver unterheben. Bei 200 Grad in etwa 15 Minuten fertigbacken. Nach dem Erkalten mit Puderzucker bestreuen.

Muffins

WARENKUNDE

Kuvertüre

Obwohl Kuvertüre zwar »nur« zum Backen und Kochen verwendet wird, handelt es sich dabei um Schokolade von besonders hoher Qualität.
Kuvertüre ist reinste, feinste Schokolade. Aus dieser Grundmasse werden vom Konditor durch Zugabe von Nüssen, Mandeln, Früchten und verschiedenen Füllungen zarte Pralinen und feine Tafelschokolade hergestellt.
Kuvertüre eignet sich wegen ihres hohen Fettgehaltes auch besonders gut zum Überziehen von Süßigkeiten aller Art: daher auch der Name *Couverture,* zu deutsch: Überzug. Eine halbbittere Kuvertüre von mittlerer Qualität setzt sich aus etwa 60 Prozent Kakaomasse (mit Kakaobutter) und 40 Prozent Zucker zusammen.
Gute Kuvertüre ist recht teuer. Deshalb nimmt man als Ersatz gerne die Schokoladenfettglasur, die jedoch nur einen geringen Kakaoanteil und daher weniger Aroma besitzt.

ZUTATEN

für ca. 16 Stück

Für den Rührteig:

200 g Butter
200 g Zucker
3 Eier
100 g Mehl
100 g Speisestärke (z. B. Mondamin)
1/2 TL Backpulver
1/2 Vanilleschote

Für die Füllung:

30 g Kuvertüre
30 g kandierte Früchte (Kirschen und Ananas)

Für die Verzierung:

100 g Puderzucker
2 EL Zitronensaft
8 Belegkirschen
4 Ringe kandierte Ananas

KÜCHENGERÄTE

Backblech
32 kleine Papierförmchen, 7 und 4,5 cm Durchmesser
Küchenmaschine oder Handquirl
1 große und 1 kleine Schüssel
Mehlsieb
Backpinsel
Schneebesen

ZEIT

Vorbereitungszeit:
70 Minuten

Backzeit:
25 Minuten

WICHTIGE TIPS

1. Zubereitung des Rührteigs siehe Grundrezept Seite 24/25.
2. Am einfachsten ist das Backen von Muffins mit der speziellen Muffins-Backform. Man kann sie jedoch auch in Brioche- oder Tortelettförmchen backen.

ZUBEREITUNG MUFFINS

1. Vanilleschote auskratzen, das Mark zum Teig geben.

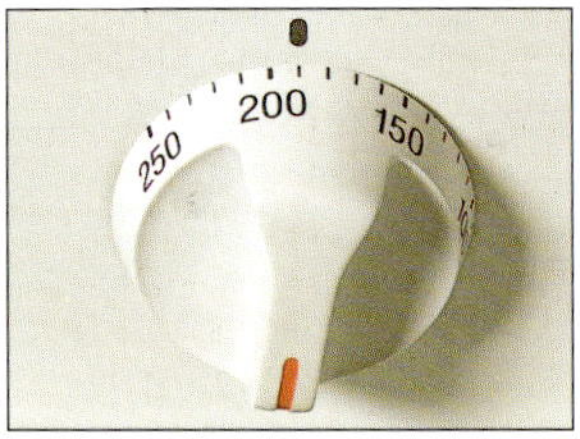

2. Backofen auf 190 Grad vorheizen.

3. Kuvertüre mit einem Messer kleinschneiden.

4. Kandierte Ananas in kleine Stücke schneiden.

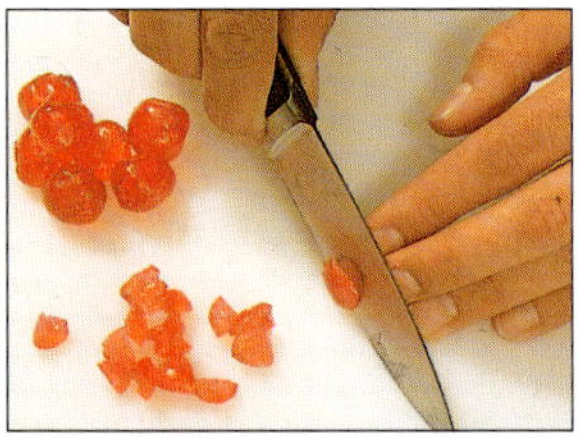

5. Kandierte Kirschen in kleine Stücke schneiden.

6. Jeweils 1 Eßlöffel Teig in die Papierförmchen einfüllen.

7. Kuvertüre- und Früchtestücke in den Teig eindrücken.

8. Das Blech in den vorgeheizten Backofen schieben.

9. Auf der mittleren Schiene 25 Minuten backen.

10. Puderzucker mit Zitronensaft verrühren.

11. Fertigen Kuchen mit der Glasur bestreichen.

12. Mit kandierten Früchten garnieren.

REZEPT

1. Butter und Zucker schaumig rühren und nach und nach die Eier zugeben.
2. Mehl, Speisestärke und Backpulver vermischen, sieben und unterrühren.
3. Die Vanilleschote der Länge nach halbieren und das Mark herauskratzen. Mit dem Teig vermengen.
4. Backofen auf 190 Grad vorheizen.
5. Je 2 Papierförmchen auf einem Backblech ineinanderstellen.
6. Die Kuvertüre mit einem Messer in kleine Stücke schneiden.
7. Je 1 EL Teig in die Papierförmchen füllen, Früchte und Kuvertüre darauf verteilen und etwas eindrücken.
8. Auf der zweiten Schiene von unten 25 Minuten goldbraun backen.
9. Die Muffins herausnehmen und abkühlen lassen.
10. Für die Glasur den Puderzucker mit dem Zitronensaft glattrühren. Mit einem Pinsel die Oberfläche der Muffins bestreichen und mit den halbierten Belegkirschen und den in Stücke geschnittenen Ananasringen garnieren.

VARIATIONEN

1. Die Muffins mit Schokoladenguß bestreichen und verzieren. Dafür 150 g Zartbitterschokolade oder Kuvertüre im Wasserbad langsam schmelzen lassen und mit einem Pinsel auftragen. Die noch nicht hartgewordene Schokolade mit kandierten Kirschen und gehackten Pistazienkernen garnieren.
2. Als Füllung können anstelle der Schokolade und der Kirschen auch Rosinen verwendet werden. Dafür 80 g Rosinen zuvor für 1–2 Stunden in 3 EL Rum einlegen. Gut abtropfen lassen, bevor sie unter den Teig gemischt werden.

Walnußkuchen

WARENKUNDE

Piment
Dieses Gewürz hat viele Namen: Piment, Nelken- oder Jamaikapfeffer, Neu-, Englisch- und Allerleigewürz. Auch das Aroma der Früchte des südamerikanischen Myrtenbaumes ist nicht eindeutig zu bestimmen: ein bißchen wie Pfeffer, Muskat, Nelken und Zimt – von allem ein wenig. Es paßt zu allen Gerichten, die mit Pfeffer gewürzt werden, und kann in der Diätküche sogar gänzlich an die Stelle des Pfeffers treten. Das Piment-Pulver verliert schnell an Aroma und sollte stets frisch gemahlen sein.

Ingwer
Ingwer, die getrocknete Wurzel einer asiatischen Gewürzlilie, schmeckt ungefähr so scharf wie Pfeffer. Darüber hinaus besitzt Ingwer aber ein eigenes, sehr charakteristisches Aroma. Er paßt zu allem, was süßsauer gekocht oder eingelegt wird. Für Süßspeisen wird kandierter Ingwer bevorzugt. Gemahlener Ingwer kann manchem Weihnachtsgebäck, Gewürzkuchen sowie Braten, Saucen und Gemüsen eine besondere Note verleihen.

ZUTATEN

90 g Butter
170 g Zucker
6 Eigelb
1/2 TL gemahlener Zimt
je 1 Messerspitze Nelken, Piment, Ingwerpulver und Salz
abgeriebene Schale einer unbehandelten Orange
2 cl Weinbrand
2 cl Cointreau
100 g Mehl
50 g Speisestärke (z. B. Mondamin)
50 g Kakaopulver
100 g geriebene Walnüsse
6 Eiweiß
300 g Fettglasur (Kuvertüre)
Pistazien zum Garnieren

KÜCHENGERÄTE

Rehrückenform, 27 cm lang
Küchenmaschine oder Handquirl
1 Metallschüssel
1 große Schüssel
Zitrusreibe
Mehlsieb
Kochlöffel, Holzspatel
Backpinsel

ZEIT

Vorbereitungszeit:
70 Minuten

Backzeit:
40–45 Minuten

WICHTIGE TIPS

1. Zubereitung des Rührteigs siehe Rezept Königskuchen, Seite 32/33.
2. Bevor der Kuchen aus dem Backofen genommen wird, unbedingt Stäbchenprobe machen: Bleibt beim Einstechen noch Teig am Stäbchen haften, muß der Kuchen noch ein paar Minuten im Ofen bleiben. Er ist fertig gebacken, wenn keine Teigreste mehr am Stäbchen bleiben.
3. Da Gewürze wie Nelken, Piment und Ingwerpulver ein sehr intensives Aroma entfalten, sollte man unbedingt auf die richtige Dosierung achten und nicht zuviel davon nehmen.

ZUBEREITUNG WALNUSSKUCHEN

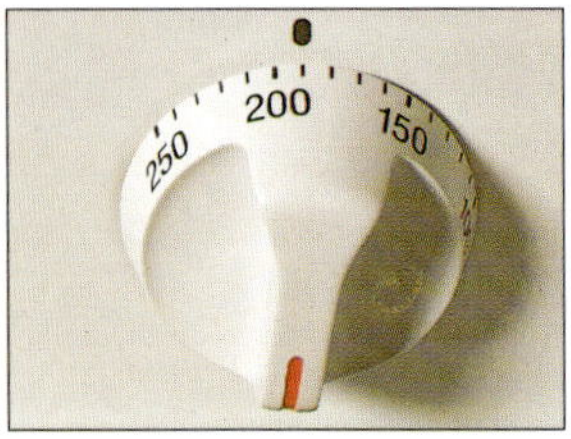

1. Backofen auf 190 Grad vorheizen.

2. Gewürze zum Teig geben.

3. Orangenschale abreiben und zum Teig geben.

4. Mehl, Speisestärke und Kakaopulver mischen.

5. Geriebene Walnüsse dazugeben.

6. Mehlmischung abwechselnd mit Eischnee unter den Teig heben.

7. Teig in die Form füllen.

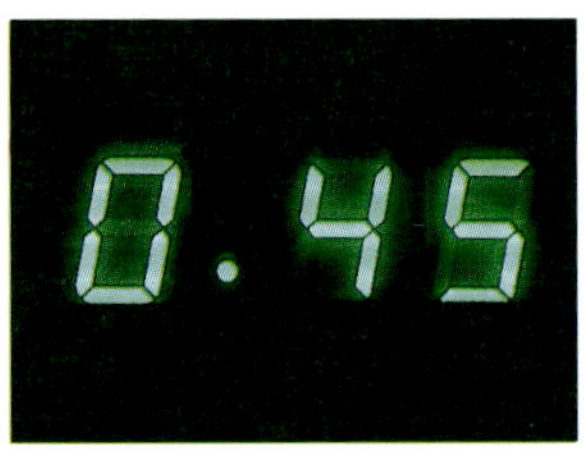

8. Auf mittlerer Schiene 45 Minuten backen.

9. Fettglasur in eine Metallschüssel geben.

10. Im Wasserbad vorsichtig erwärmen.

11. Kuchen mit der Fettglasur überziehen.

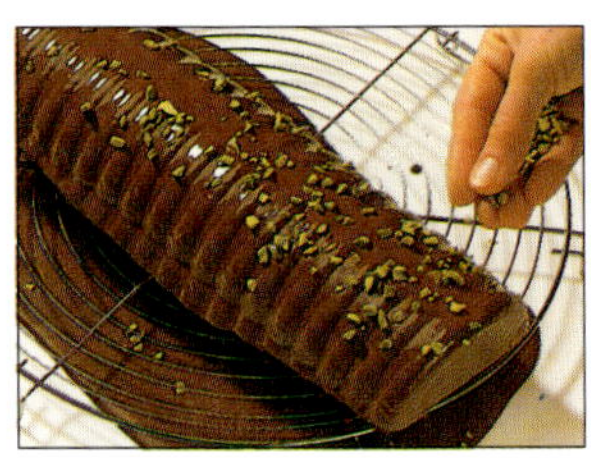

12. Mit gehackten Pistazien bestreuen.

REZEPT

1. Butter mit einem Drittel des Zuckers und dem Eigelb schaumig rühren.
2. Backofen auf 190 Grad vorheizen.
3. Gewürze, Weinbrand und Cointreau zur Schaummasse geben und unterrühren.
4. Das gesiebte Mehl mit Speisestärke, Kakaopulver und den geriebenen Walnüssen mischen.
5. Eiweiß mit dem restlichen Zucker zu einem steifen, schnittfesten Schnee schlagen. Davon zuerst etwa 1/4 unter die Butter-Eier-Masse rühren, dann den Rest zusammen mit der Mehlmischung vorsichtig unterziehen.
6. Die Rehrückenform buttern und mit Semmelbröseln ausstreuen. Den Teig hineinfüllen.
7. Auf der zweiten Schiene von unten ca. 45 Minuten backen.
8. Den Kuchen zuerst einige Minuten in der Form abkühlen lassen, dann stürzen und, wenn er vollständig erkaltet ist, mit der Fettglasur überziehen und mit den Pistazien bestreuen.

VARIATIONEN

1. Der Kuchen schmeckt auch sehr gut mit Haselnüssen oder Mandeln.
2. Wer's ohne Fettglasur mag, bestreut den Kuchen vor dem Servieren mit Puderzucker und Kakopulver.
3. Zu dem Kuchen unbedingt frisch geschlagene Sahne servieren.
4. Den Walnußkuchen zweimal längs durchschneiden, mit Orangencreme füllen und wieder zusammensetzen.

Orangencreme

1. Von 1/4 l frisch ausgepreßtem Orangensaft 2 EL abnehmen und mit 25 g Speisestärke anrühren.
2. Restlichen Orangensaft mit 20 g Zucker zum Kochen bringen. Die angerührte Speisestärke dazugeben und unter Rühren kurz kochen lassen.
3. Die Creme mit 1 EL Cointreau abschmecken und unter Rühren erkalten lassen.
4. 100 g Crème fraîche dazugeben und die Creme mit einem Handrührgerät aufschlagen.

Traubentorte

(Grundrezept Mürbeteig)

WARENKUNDE

Trauben
Auf Trauben und Wein wollten schon die Römer nicht verzichten. Sie brachten Rebstöcke im Verlauf ihrer Feldzüge bis weit in den Norden, nach Gallien und Germanien. Da Tafeltrauben besonders viel Sonne brauchen, um genießbar zu sein, werden die bekanntesten Sorten wie die Datteltraube, die Muskattraube oder die Meraner Kurtraube aus den Mittelmeerländern importiert. Durch zahlreiche Kreuzungen entstand eine große Vielfalt an Sorten: Die Beeren sind grün bis grüngelb bzw. dunkelrot, es gibt sie in verschiedensten Größen, mit und ohne Kerne. Getrocknet werden sie als Rosinen, Sultaninen oder Korinthen angeboten.

Gelatine
Gelatine ist nichts anderes als reiner, geschmacksneutraler Knochenleim, ein unentbehrliches Hilfsmittel zum Festigen von Cremes, Aspik und anderen kalten Speisen. Gelatine gibt es in Blatt- oder Pulverform. Bei der Zubereitung sollten die Hinweise auf der Packung unbedingt befolgt werden.

ZUTATEN

Für den Teig:

- *200 g Mehl*
- *100 g Zucker*
- *1 Ei*
- *125 g Butter*
- *1 kg Linsen zum Blindbacken*

Für die Füllung:

- *6 Blatt weiße Gelatine*
- *1/8 l Weißwein*
- *1 EL Zitronensaft*
- *100 g Zucker*
- *1 Prise Zucker*
- *1/2 l Sahne*
- *600 g blaue und grüne Trauben, abgezupft*
- *1 Päckchen klarer Tortenguß*
- *3 EL Aprikosenkonfitüre*
- *50 g geröstete Mandelblättchen*

KÜCHENGERÄTE

Springform, 26 cm Durchmesser
Mehlsieb
Klarsichtfolie
1 kleine und 1 große Schüssel
1 Kasserolle
Tortenring
Nudelholz
Schneebesen
Kochlöffel, Messer, Gabel
Backpapier
Backpinsel

ZEIT

Vorbereitungszeit:
40 Minuten

Backzeit:
20 Minuten

Ruhezeit:
2 1/2 Stunden

WICHTIGE TIPS

1. Je größer der Fettgehalt des Mürbeteigs ist, um so größer ist auch die Gefahr, daß der Teig »brandig« wird, d. h. weich und brüchig. Die Zutaten daher immer möglichst schnell zum Teig verarbeiten und die Hände zuvor unter kaltem Wasser kühlen.
2. Statt der Blattgelatine kann auch gemahlene Gelatine verwendet werden; 1 Päckchen entspricht 6 Blatt Gelatine.
3. Mürbeteig vor dem Backen immer mindestens 30 Minuten im Kühlschrank ruhen lassen, damit er wieder schön fest wird.
4. Sowohl roher als auch gebackener Mürbeteig läßt sich gut einfrieren (tiefgefroren haltbar maximal 3 Monate).

ZUBEREITUNG TRAUBENTORTE

1. Ei aufschlagen und in die Mehl-Zucker-Mulde geben.

2. Butter, Zucker und Ei verarbeiten.

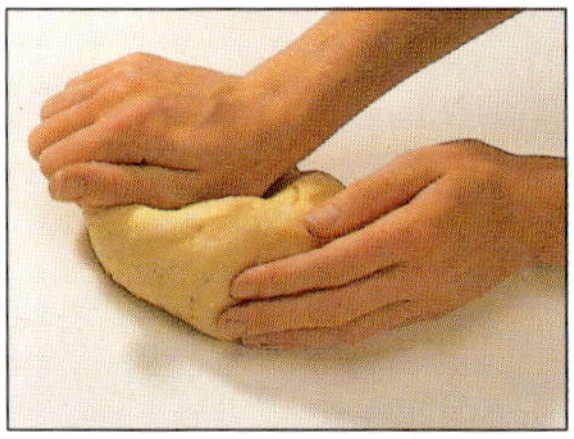

3. Alle Zutaten miteinander verkneten.

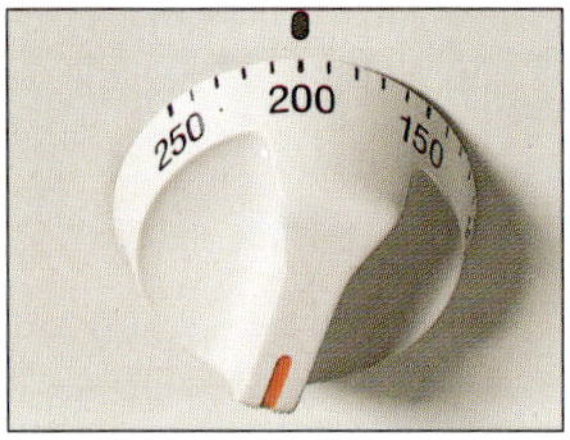

4. Backofen auf 200 Grad vorheizen.

5. Teig mit dem Nudelholz ausrollen.

6. Teig auf dem Blech auslegen und den Boden ausschneiden.

7. Tortenring mit dem restlichen Teig auslegen.

8. Teigrand am Boden festdrücken.

9. Backpapier andrücken.

10. Linsen zum Blindbacken einfüllen.

11. 20 Minuten auf mittlerer Schiene backen.

12. Backpapier anheben und mit den Linsen herausnehmen.

13. Ausgedrückte Gelatine zum Wein geben.

14. Steifgeschlagene Sahne mit Gelatine mischen.

15. Sahne-Gelatine auf dem Kuchenboden glatt verstreichen.

16. Mit Weintrauben belegen.

17. Trauben mit Tortenguß überziehen.

18. Tortenrand mit Mandelblättchen bestreuen.

REZEPT

1. Das Mehl auf eine Arbeitsplatte sieben. In die Mitte eine Vertiefung drücken. Den Zucker und das Ei hineingeben. Die Butter in kleinen Stückchen auf den Mehlrand setzen. Alles zu einem geschmeidigen Teig kneten und eine Kugel formen. In Folie eingewickelt 1–2 Stunden im Kühlschrank ruhen lassen.
2. Den Backofen auf 200 Grad vorheizen.
3. Den Teig auf leicht bemehlter Arbeitsfläche ca. 1/2 cm dick ausrollen und Boden und Rand der Springform damit auslegen. Den Teigboden mehrmals mit einer Gabel einstechen. Mit Pergamentpapier auslegen und mit den Linsen füllen.
4. Auf der zweiten Schiene von unten 10 Minuten backen. Danach Papier und Linsen entfernen und nochmals 10 Minuten backen. Den Boden aus der Form lösen und abkühlen lassen.
5. Die Gelatine in wenig kaltem Wasser einweichen.
6. Den Wein mit Zitronensaft, Zucker und Salz vermischen und gut erhitzen, aber nicht kochen lassen. Die Gelatine ausdrücken, in der heißen Weinflüssigkeit auflösen und unter Rühren so lange abkühlen lassen, bis sie zu gelieren beginnt.
7. Die Sahne steif schlagen und unter die fast kalte Weincreme ziehen.
8. Den Tortenboden mit einem Tortenring umschließen. Mit der Creme füllen und im Kühlschrank fast fest werden lassen.
9. Die Weintrauben waschen und abtropfen lassen. Die Torte dicht damit belegen.
10. Die Trauben mit dem Tortenguß überziehen.
11. Den Tortenring abnehmen. Die Aprikosenkonfitüre im Wasserbad erhitzen. Den Tortenrand damit bestreichen und mit den Mandelblättchen dicht bestreuen.

Erdbeertorte

WARENKUNDE

Pistazien
Der Pistazienbaum wächst in den östlichen Mittelmeerländern, wird aber auch in Zentralasien kultiviert. Wegen ihrer auffallend schönen, leuchtend grünen Farbe werden die kleinen Nüsse oft nur als Garniermaterial verwendet. Dabei verkennt man ihren überaus zarten, delikaten Geschmack. Dieser entfaltet sich am besten, wenn die (ungerösteten und ungesalzenen) Pistazien frisch geschält und sofort gerieben werden. Wie gut sich Pistazien als würzende Zutat eignen, zeigt das wohlschmekkende Pistazieneis. Auch die italienische Mortadella wird schon seit Generationen mit Pistazien aromatisiert.

ZUTATEN

Für den Mürbeteig:
180 g Mehl
40 g Speisestärke (z. B. Mondamin)
50 g Puderzucker
120 g Butter
1 Ei, 1 Prise Salz
ca. 1 kg Linsen zum Blindbacken

Für die Füllung:
250 g Erdbeeren
3/8 l Sahne, 80 g Zucker
6 Blatt Gelatine

Für den Belag:
400 g Erdbeeren
1/2 Päckchen klarer Tortenguß
1/8 l Sahne
20 g Pistazien, gehackt

KÜCHENGERÄTE

Obstkuchenform, 26 cm Durchmesser
Küchenmaschine oder Handmixer
Mehlsieb
Meßbecher
Klarsichtfolie
Nudelholz
Messer, Palette
Schneebesen
Tortenring
Backpinsel
Spritztüte
Sterntülle Nr. 10

ZEIT

Vorbereitungszeit:
1 Stunde 20 Minuten

Backzeit:
20 Minuten

Ruhezeit:
ca. 1 1/2 Stunden

WICHTIGE TIPS

1. Zubereitung des Mürbeteigs siehe Grundrezept Seite 52/53.
2. Mürbeteig läßt sich sowohl roh als auch gebacken einfrieren (Haltbarkeit: maximal 3 Monate).
3. Sehr gut schmeckt die Torte auch als Eistorte, wenn die Sahne-Erdbeer-Masse noch leicht gefroren ist.

ZUBEREITUNG ERDBEERTORTE

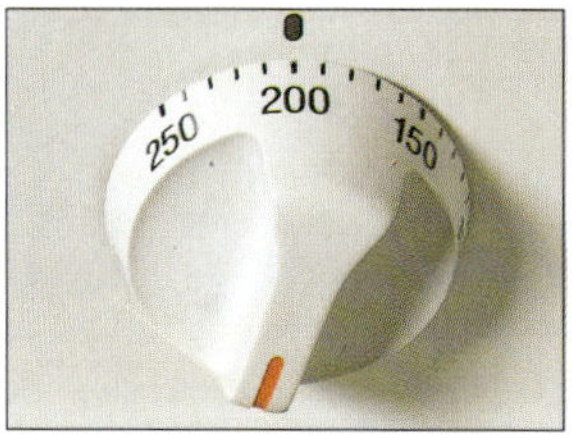

1. Backofen auf 200 Grad vorheizen.

2. Gefettete Backform mit dem ausgerollten Teig auslegen.

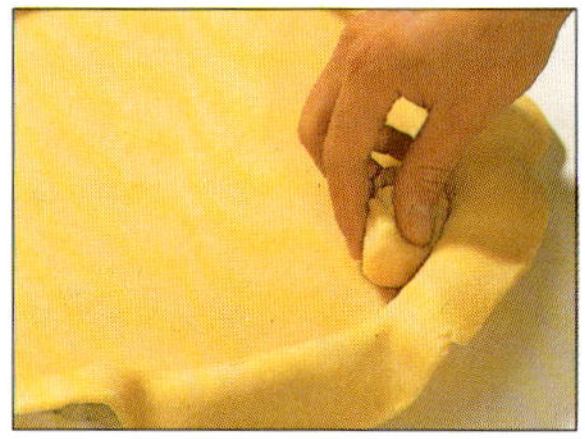

3. Den Rand andrücken.

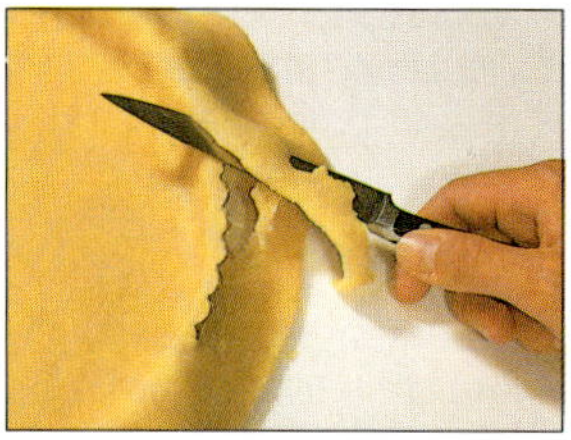

4. Überstehende Ränder mit dem Messer abschneiden.

5. 20 Minuten auf mittlerer Schiene backen.

6. Erdbeeren im Mixer pürieren.

7. Erdbeerpüree unter die geschlagene Sahne rühren.

8. Die aufgelöste Gelatine zugeben.

9. Auf den gebackenen Boden geben und glattstreichen.

10. Mit Erdbeeren belegen.

11. Tortenguß mit Backpinsel auftragen.

12. Mit dem Spritzbeutel Sahnetupfen daraufsetzen.

REZEPT

1. Das Mehl auf eine Arbeitsfläche sieben und mit Zucker, Butter, Ei und Salz rasch zu einem Mürbeteig verkneten. Mit Folie abdecken und ca. 1 Stunde kühl stellen.
2. Den Backofen auf 200 Grad vorheizen. Obstkuchenform fetten.
3. Den gut gekühlten Teig auf einer Arbeitsfläche 2–3 mm dick ausrollen und die Obstkuchenform damit auslegen. Die Ränder andrücken und den überstehenden Rand abschneiden. Mit Pergamentpapier auslegen und mit Linsen füllen.
4. Auf der mittleren Schiene ca. 20 Minuten backen (siehe Seite 52/53). Etwas abkühlen lassen, Linsen und Pergamentpapier entfernen.
5. Für die Füllung die Erdbeeren waschen, entstielen und im Mixer pürieren.
6. Sahne und Zucker steif schlagen. Das Erdbeerpüree unter die Sahne rühren.
7. Die eingeweichte Gelatine auflösen und in die Erdbeermasse rühren.
8. Auf dem ausgekühlten Kuchenboden verteilen und glattstreichen. Im Kühlschrank ca. 15–20 Minuten erstarren lassen.
9. Für den Belag die Erdbeeren waschen, entstielen, halbieren und den Kuchen damit belegen.
10. Den Tortenguß nach Angaben des Herstellers zubereiten und mit einem Pinsel auf den Erdbeeren verteilen.
11. Die Sahne steif schlagen und in einen Spritzbeutel geben.
Auf den Rand der Torte Rosetten spritzen und mit den Pistazien bestreuen.

VARIATION

Die Erdbeertorte statt mit Erdbeersahne mit einer Vanillecreme füllen.

Vanillecreme

1. Von 1/2 l Milch 4 EL abnehmen und mit 45 g Speisestärke anrühren.
2. Die restliche Milch, 100 g Zucker und 1/2 Vanilleschote zum Kochen bringen, die angerührte Speisestärke unter Rühren dazugießen und kurz kochen lassen. Vanilleschote herausnehmen, den Flammeri erkalten lassen. Ab und zu umrühren, damit sich keine Haut bildet.
3. 150 g Butter schaumig rühren. Nach und nach den abgekühlten Flammeri einrühren.
Mit 1–2 EL Zitronensaft abschmecken.

Engadiner Nußtorte

WARENKUNDE

Walnüsse

Ihren Namen verdankt die Walnuß ihrem einstigen Hauptanbaugebiet im westlichen Gallien, weshalb sie auch als »Welsche Nuß« bezeichnet wird. Bis heute sind Walnüsse aus Frankreich wegen ihres intensiven Aromas am beliebtesten. Die größten Kulturen finden sich jedoch in Kalifornien. Amerikanische Züchtungen reichen aber im Aroma oft nicht an die europäischen Sorten heran. Walnüsse werden als würzende Zutat nicht nur in Süßspeisen und für Gebäck verwendet, sondern auch zum Überstreuen von Gemüsen wie Brokkoli oder Rosenkohl oder als Zutat zu Salaten. Unter Kennern besonders beliebt sind die frisch geernteten Walnüsse, bei denen nicht nur die Schale, sondern auch das bitter schmeckende Häutchen um die Nuß entfernt werden sollte.

Honig

Früher war Honig der »Zucker des einfachen Volkes«. Mit Entdeckung des Rübenzuckers wurden die süßen Kristalle jedoch zum Lebensmittel für jedermann, und heute ist echter Bienenhonig gar zur kostspieligen Delikatesse geworden.

Die verschiedenen Honigarten unterscheiden sich geschmacklich sehr deutlich. Je nachdem, an welchen Blumen und Bäumen die Bienen »genippt« haben, schmeckt der Honig zartsüß bis herbsüß. Mit Ausnahme des Pollenhonigs ist frischer Honig klar oder milchig braun und zähflüssig. Mit der Zeit kristallisiert der Zucker aus, der Honig wird fest. Durch vorsichtiges Erwärmen kann man ihn wieder in seinen ursprünglichen Zustand zurückversetzen.

ZUTATEN

Für den Teig:

160 g Butter
130 g Puderzucker
1 Messerspitze Salz
1 Ei
300 g Mehl

Für den Karamel:

200 g Zucker
2 EL Zitronensaft

Für die Füllung:

15 cl Sahne
200 g Zucker
25 g Butter
50 g Honig
300 g Walnüsse, grob gehackt
1 Eigelb zum Bestreichen

KÜCHENGERÄTE

Pie-Form,
25 cm Durchmesser
2 Kasserollen
Nudelholz
Kochlöffel
Tortenscheibe
Holzspießchen
Backpinsel

ZEIT

Vorbereitungszeit:
1 Stunde 20 Minuten

Backzeit:
30 Minuten

Ruhezeit:
2 Stunden

WICHTIGE TIPS

1. Zubereitung des Mürbeteigs siehe Grundrezept Seite 52/53.
2. Die Torte kann auch in einer gewöhnlichen Springform gebacken werden. Sie läßt sich dann einfacher aus der Form holen. Es können auch zwei kleinere Nußtorten (Durchmesser 16–17 cm) hergestellt werden.

ZUBEREITUNG ENGADINER NUSSTORTE

1. Zucker und Zitrone zu Karamel schmelzen.

2. Im anderen Topf Honig zu Sahne, Zucker und Butter geben.

3. Aufkochen und umrühren.

4. Sahnemischung unter den Karamel rühren.

5. Walnüsse mit dem Messer grob hacken.

6. Walnüsse unter die Mischung rühren.

7. Nußfüllung in die mit Teig ausgelegte Form geben.

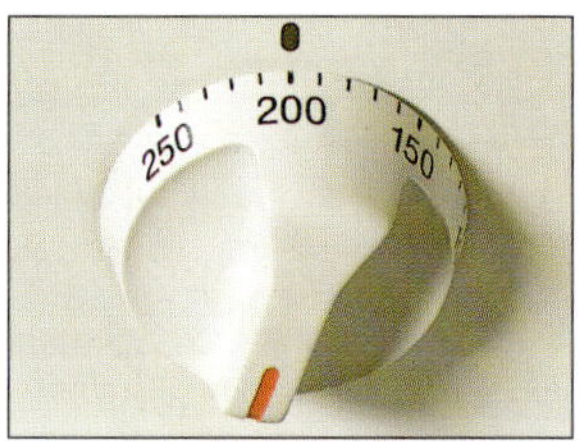

8. Backofen auf 200 Grad vorheizen.

9. Überstehenden Teigrand einschlagen.

10. Den Rand mit verquirltem Eigelb bestreichen.

11. Restlichen Teig für den Deckel ausrollen.

12. Teig auf Tortenscheibe legen.

13. Überstehenden Teigrand mit dem Messer abschneiden.

14. Deckel auf die Nußmasse setzen, andrücken und mit Eigelb bestreichen.

15. Mit der Gabel Muster ziehen.

16. Teigdeckel mehrere Male mit dem Holzspießchen einstechen.

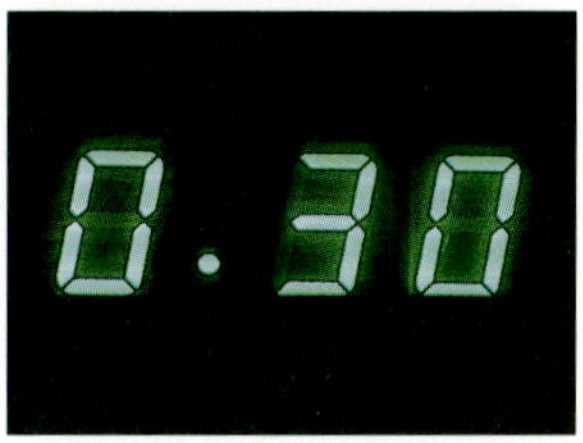

17. 30 Minuten auf mittlerer Schiene backen.

18. Fertiggebackenen Kuchen aus der Form stürzen.

REZEPT

1. Aus Butter, Puderzucker, Salz, Ei und Mehl rasch einen Mürbeteig kneten. Mit Folie abdecken und im Kühlschrank ca. 2 Stunden ruhen lassen.
2. Zucker mit Zitronensaft zu einem hellen Karamel schmelzen.
3. In einer zweiten Kasserolle Sahne, Zucker, Butter und Honig aufkochen und unter den Karamel rühren. Nochmals aufwallen lassen und die grob gehackten Walnüsse unterarbeiten.
4. $^2/_3$ des Teiges auf einer bemehlten Arbeitsfläche ca. 3 cm stark ausrollen. Kuchenform fetten und mit dem Teig auslegen, den Rand etwas überstehen lassen. Dann die erkaltete Nußfülle hineingeben und den Teigrand einklappen.
5. Backofen auf 200 Grad vorheizen.
6. Den Rand mit verquirltem Eigelb bestreichen. Den restlichen Mürbeteig ausrollen. Tortenscheibe auflegen und mit einem Messer den Deckel ausschneiden. Deckel auf die Füllung legen, den Rand andrücken.
7. Mit Eigelb bestreichen und mit einer Gabel ein Muster einzeichnen. Mit einem Holzspießchen mehrmals einstechen.
8. Auf der mittleren Schiene 30 Minuten backen. Abkühlen lassen und aus der Form nehmen.

Mandel-Zimt-Törtchen

WARENKUNDE

Zimt

Zimt ist nichts anderes als die Rinde eines tropischen Lorbeergewächses aus Ostasien, die einer speziellen Behandlung unterzogen wird. Die von jungen Trieben gewonnene Rinde wird fermentiert, dann die äußere und die mittlere Schicht entfernt, so daß nur die möglichst dünne Innenrinde übrigbleibt. Mehrere dieser Blätter werden übereinandergelegt, eingerollt und dann getrocknet, wobei sie ihre ockerbraune Farbe erhalten. Die verschiedenen Zimtsorten erkennt man daran, wie sie eingerollt sind: von beiden Seiten eingerollt ist der Ceylon-Zimt, nur von einer Seite eingerollt ist der Kassia-Zimt.
Feiner im Geschmack ist der Ceylon-Zimt. Nur als Zimt deklariert handelt es sich meist um den weniger guten Kassia.
Zimt ist eines der ältesten Gewürze der Welt und sehr vielseitig verwendbar für leichte Desserts und Gebäck, Kompotte und Getränke.

ZUTATEN

für 8 Törtchen

Für den Mürbeteig:

- *140 g Mehl*
- *40 g Speisestärke (z. B. Mondamin)*
- *100 g Butter*
- *70 g Puderzucker*
- *1 Ei*
- *1 Prise Salz*
- *1 kg Linsen zum Blindbacken*

Für die Füllung:

- *2 Eier*
- *75 g Zucker*
- *1/2 TL Zimt*
- *1/4 TL Backpulver*
- *1/16 l Milch*
- *1/16 l Sahne*
- *2 Stück Zwieback*
- *120 g geriebene, ungeschälte Mandeln*
- *25 g gehacktes Zitronat*

Für den Belag:

- *32 halbierte, geschälte Mandeln*
- *2 EL heiße Aprikosenkonfitüre*
- *4 Cocktailkirschen*

KÜCHENGERÄTE

8 Briocheförmchen, je 8 cm Durchmesser
Küchenmaschine oder Handquirl
Mehlsieb
Klarsichtfolie
Nudelholz
runde Ausstechform, 12 cm Durchmesser
Meßbecher
1 große Schüssel
Backpinsel

ZEIT

Vorbereitungszeit:
60 Minuten

Backzeit:
35 Minuten

Ruhezeit:
2 Stunden

WICHTIGER TIP

Zubereitung des Mürbeteigs siehe Grundrezept Seite 52/53.

ZUBEREITUNG MANDEL-ZIMT-TÖRTCHEN

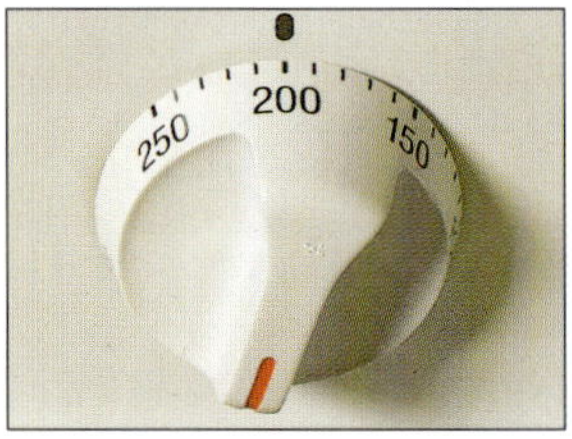

1. Backofen auf 200 Grad vorheizen.

2. Aus dem ausgerollten Teig 8 Kreise ausstechen.

3. Die gefetteten Förmchen mit Teig auslegen.

4. Teig gut andrücken.

5. Überstehenden Teigrand mit einem Messer abschneiden.

6. Nach dem Blindbacken die Linsen mit einem Löffel entfernen.

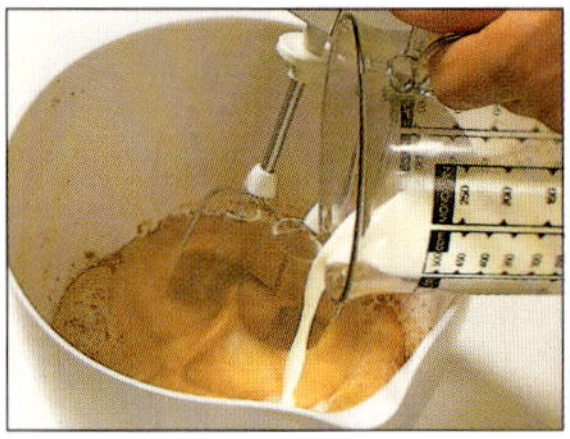

7. Sahne und Milch zur Eier-Mischung geben.

8. In Folie eingewickelten Zwieback mit dem Nudelholz zerdrücken.

9. Fertige Mandelmasse auf die vorgebackenen Törtchen geben.

10. Mit halbierten Mandeln dekorieren.

11. 25 Minuten auf der zweiten Schiene von unten backen.

12. Törtchen mit Aprikotur bestreichen.

REZEPT

1. Das Mehl auf eine Arbeitsfläche sieben und mit Butter, Puderzucker, Ei und Salz zu einem geschmeidigen Teig kneten. Mit Folie abdecken und ca. 2 Stunden im Kühlschrank ruhen lassen.
2. Den Backofen auf 200 Grad vorheizen. 8 Briocheförmchen fetten.
3. Den Mürbeteig auf einer bemehlten Arbeitsfläche 3–4 mm dick ausrollen. 8 Kreise von ca. 12 cm Ø ausstechen und die Briocheförmchen damit auslegen, Ränder andrücken und Teigreste abschneiden.
4. Mit den Linsen füllen und 10 Minuten auf der mittleren Schiene backen. Aus dem Ofen nehmen und mit Hilfe eines Löffels die Linsen entfernen.
5. Die Eier mit Zucker, Zimt, Backpulver, Milch und Sahne verrühren.
6. Den Zwieback zerbröseln und mit den Mandeln und dem Zitronat unter die Eiermasse mischen. Die Füllung auf den vorgebackenen Förmchen verteilen und mit je 4 halbierten Mandeln belegen.
7. Auf der zweiten Schiene von unten 25 Minuten backen. Etwas abkühlen lassen.
8. Aprikosenkonfitüre durch ein Sieb streichen und die Törtchen damit bestreichen. In die Mitte jeweils eine halbierte Cocktailkirsche legen.

VARIATION

Probieren Sie die Törtchen auch einmal mit einer Marzipanfüllung:

Marzipanfüllung

1. 3 Eiweiß zu steifem Schnee schlagen.
2. 250 g Marzipan mit dem Saft von 1 Orange verrühren.
3. 125 g abgezogene, gemahlene Mandeln und 2 EL Speisestärke dazugeben und unter den Eischnee ziehen.
4. Die vorgebackenen Törtchen damit füllen, mit Mandeln verzieren und fertigbacken.

Steyrischer Apfelkuchen

WARENKUNDE

Haselnüsse
Der Haselnußstrauch wächst in allen nördlichen, gemäßigten Klimabereichen, auch bei uns ist er in Gärten und Wäldern häufig anzutreffen. Zu Handelszwecken wird er jedoch vorwiegend in den Mittelmeerländern kultiviert. Die größten Pflanzungen finden sich in Italien, Spanien und der Türkei. Italien liefert in erster Linie polierte Nüsse, wie sie sich zu Weihnachten neben Apfel und Mandelkern auf dem Gabentisch finden. Aus Spanien kommen die meisten Haselnußkerne. Ihr Fettanteil ist deutlich niedriger als bei türkischen Nüssen, weshalb sie nicht so schnell ranzig werden. Nüsse in ihrer Steinschale sind länger haltbar als geschälte Kerne.

ZUTATEN

Für den Mürbeteig:

600 g Weizenvollkornmehl
1 Päckchen Backpulver
200 g Margarine
50 g Zucker
1/2 TL Salz
1/4 l Milch

Für die Füllung:

11/2 kg Äpfel
4 EL Zitronensaft
abgeriebene Schale einer Zitrone
125 g Zucker
100 g ungeschälte, gehackte Haselnüsse
100 g Rosinen
1 TL gemahlener Zimt
1 Eigelb
200 g Aprikosenkonfitüre
100 g Puderzucker
2 EL Zitronensaft

KÜCHENGERÄTE

Backblech
Getreidemühle
Reibe
1 kleines Sieb
1 große Schüssel
Mulltuch
Klarsichtfolie
Mehlsieb
Kernhausausstecher
Kochlöffel, Lineal
Teigrädchen
Messer, Gabel, Eßlöffel
Backpinsel
Meßbecher

ZEIT

Vorbereitungszeit:
1 Stunde 15 Minuten

Backzeit:
35 Minuten

Ruhezeit:
60 Minuten

WICHTIGE TIPS

1. Zubereitung des Mürbeteigs siehe Grundrezept Seite 52/53.
2. Wählen Sie für diesen Kuchen eine säuerliche Apfelsorte, z.B. Boskop, Cox Orange oder Horneburger.

ZUBEREITUNG STEYRISCHER APFELKUCHEN

1. Körner in der Getreidemühle mahlen.

2. Mehl, Zucker, Salz, Margarine und Milch vermischen.

3. Teig zur Kugel formen und in Folie einschlagen.

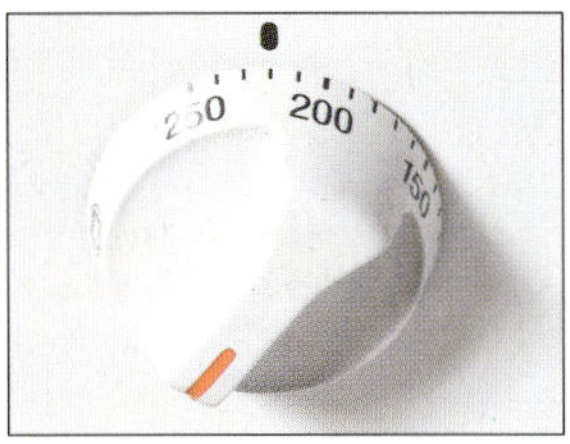

4. Backofen auf 220 Grad vorheizen.

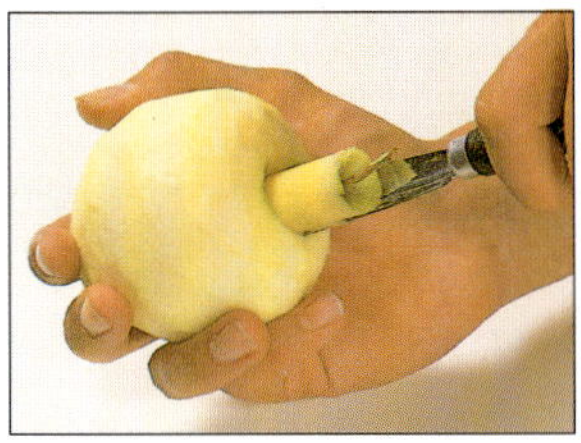

5. Äpfel schälen und Kerngehäuse entfernen.

6. Äpfel auf der Reibe raspeln.

7. Äpfel in einem Tuch über Sieb und Schüssel ausdrücken.

8. Rosinen zur Apfel-Mischung geben.

9. Zimt zugeben und alles gut mischen.

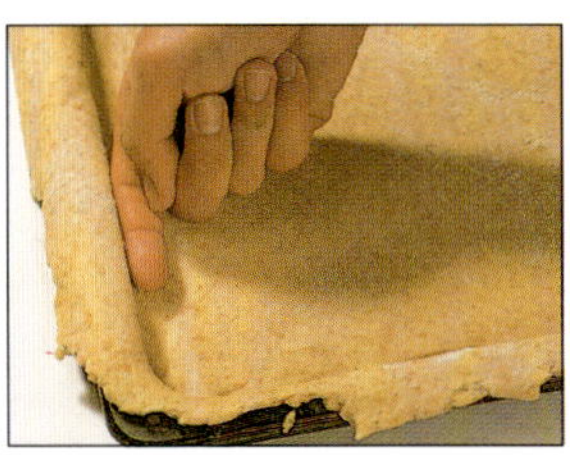

10. Gefettetes Blech mit Teig auslegen, Teigrand andrücken.

11. Überstehenden Teigrand mit einem Messer abschneiden.

12. Apfelmasse einfüllen und gleichmäßig verteilen.

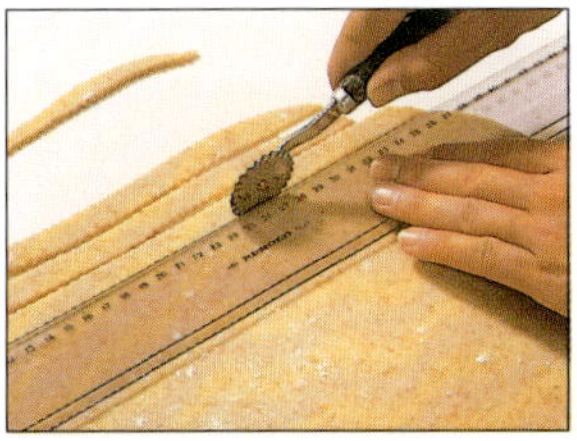

13. Restlichen ausgerollten Teig in Streifen schneiden.

14. Teigstreifen in Gitterform diagonal auflegen.

15. 35 Minuten auf mittlerer Schiene backen.

16. Teiggitter mit warmer Konfitüre bestreichen.

17. Mit Zuckerguß glasieren.

18. Kuchen mit einem Messer vom Blech lösen.

REZEPT

1. Das Mehl mit dem Backpulver sieben und mit Margarine, Zucker, Salz und Milch verkneten. Den Teig zugedeckt 1 Stunde im Kühlschrank ruhen lassen.
2. Den Backofen auf 220 Grad vorheizen. Backblech fetten.
3. Die Äpfel schälen, grob raspeln, etwas ausdrücken und mit Zitronensaft und -schale, Zucker, Haselnüssen, Rosinen und Zimt gut mischen.
4. 3/4 des Teiges ausrollen und Boden und Rand des Backblechs damit auslegen, überstehenden Rand abschneiden.
5. Die Apfelmischung auf den Teig streichen.
6. Den restlichen Teig ausrollen und in Streifen schneiden, als Gitter über den Kuchen legen und mit verquirltem Eigelb bestreichen.
7. Den Kuchen auf der mittleren Schiene 35 Minuten backen. Abkühlen lassen.
8. Die Konfitüre durch ein Sieb streichen und erhitzen. Das Teiggitter damit bestreichen. Den Puderzucker mit dem Zitronensaft verrühren und das Gitter damit glasieren.

Linzertorte

WARENKUNDE

Mandeln

Mandeln sind streng genommen keine Nüsse, sondern die Kerne der pfirsichähnlichen Früchte des Mandelbaumes. Deshalb unterscheidet ein bekanntes Weihnachtslied auch säuberlich zwischen »Apfel, Nuß und Mandelkern«. Der Mandelbaum mit seinen zartrosa Blüten wächst vor allem im Mittelmeerraum und in Kalifornien. Süße Mandeln sind als Handelsware von der harten Schale befreit. Sie werden abgezogen und – gemahlen, gestiftet oder geblättert – für viele Backwaren und Desserts verwendet.
Süße Mandeln haben eine unbeliebte Verwandte – die Bittermandel. Sie dient, sparsam dosiert, als Aromastoff. In größeren Mengen genossen können Bittermandeln wegen ihres Blausäuregehaltes jedoch tödlich wirken.

ZUTATEN

Für den Mürbeteig:

360 g geriebene, ungeschälte Mandeln
420 g Mehl
360 g Butter
240 g Puderzucker
3 Eigelb
3 Gewürznelken (mit dem Nudelholz zerdrückt)
1 Prise Zimt
abgeriebene Schale einer unbehandelten Zitrone
Mark von 1 Vanilleschote

Außerdem:

1 runde Backoblate
1 Eigelb zum Bestreichen
200 g Johannisbeerkonfitüre
30 g geschälte, gehobelte Mandeln

KÜCHENGERÄTE

Backblech
Tortenring, 26 cm Durchmesser
Pergamentpapier
Nudelholz
Mehlsieb
1 kleine Schüssel
Messer, Gabel, Eßlöffel
1 kleines Sieb
Tasse
Backpinsel

ZEIT

Vorbereitungszeit:
1 Stunde 45 Minuten

Backzeit:
65 Minuten

Ruhezeit:
2 Stunden

WICHTIGE TIPS

1. Zubereitung des Mürbeteigs siehe Grundrezept Seite 52/53.
2. Statt der Mandeln können auch ungeschälte Haselnüsse verwendet werden.
3. Die Linzer Torte schmeckt am besten, wenn sie vor dem Verzehr gut verpackt mindestens 1 Woche an einem kühlen Ort ruht.

ZUBEREITUNG LINZERTORTE

1. Zitronenschale zu allen anderen Teigzutaten geben.

2. Mit den Händen rasch zu einem geschmeidigen Teig kneten.

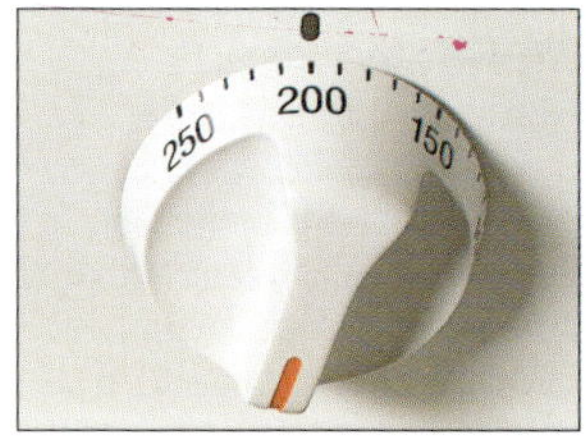

3. Backofen auf 200 Grad vorheizen.

4. Mit dem Tortenring den Boden ausstechen.

5. Backoblate auf den Teig legen.

6. Teigrand mit Eigelb bestreichen.

7. Aus einer kleinen Teigrolle den Rand formen und andrücken.

8. Boden mit Konfitüre bestreichen.

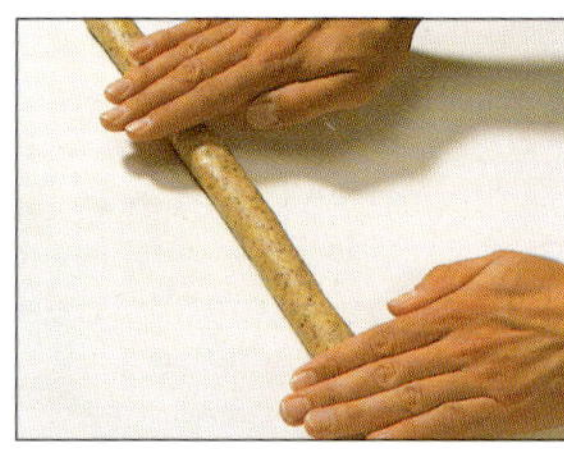

9. Aus restlichem Teig gleichmäßige Teigrollen formen.

10. Teigrollen zurechtschneiden und gitterförmig auf den Kuchen legen.

11. Teiggitter mit Eigelb bestreichen.

12. Auf der 2. Schiene von unten 10 Minuten bei 200 Grad, dann 55 Minuten bei 160 Grad backen.

REZEPT

1. Mandeln auf die Arbeitsfläche schütten. Mehl daraufsieben und in die Mitte eine Mulde drücken. Butter in groben Stücken, gesiebten Puderzucker, Eigelb und Gewürze in die Vertiefung geben.
2. Die Butter in Flocken zerdrücken und dann alles rasch zu einer geschmeidigen Masse verarbeiten. In Folie einwickeln und ca. 2 Stunden in den Kühlschrank stellen.
3. Backofen auf 200 Grad vorheizen.
4. Die Hälfte des Teiges auf einer bemehlten Arbeitsfläche ca. 1 cm dick ausrollen, den Teig auf ein mit Pergamentpapier belegtes Backblech legen und mit Hilfe des Tortenringes einen Boden ausstechen. Den überstehenden Teig entfernen.
5. Den Boden mit der zurechtgeschnittenen Backoblate belegen, dabei sollte ein Rand von 1 cm frei bleiben. Diesen Rand mit verquirltem Eigelb bestreichen.
6. Aus einem kleinen Teil des restlichen Teiges eine Rolle formen, den Teigrand anbringen und gut andrücken.
7. Die Konfitüre durch ein Sieb streichen und den Boden damit bestreichen. Darauf achten, daß keine Konfitüre an den Rand gerät, damit der Kuchen nicht anklebt.
8. Den restlichen Teig zu 1 cm dicken Rollen formen und diese in gleichmäßigen Abständen gitterartig auf den Kuchen legen.
9. Mit dem restlichen Eigelb bestreichen und am Rand mit den Mandeln bestreuen.
10. Auf der zweiten Schiene von unten etwa 10 Minuten bei 200 Grad vorbacken, danach die Temperatur auf 160 Grad reduzieren und den Kuchen in 55 Minuten fertigbacken.

Linzer Augen

1. Aus 100 g gemahlenen Mandeln, 200 g Mehl, 50 g Speisestärke, 150 g Butter, 100 g Puderzucker, 1 Ei, 1 Messerspitze gemahlene Nelken, 1 TL Zimt und der abgeriebenen Schale von 1/2 Zitrone einen Mürbeteig zubereiten. Kühl stellen.
2. Den Teig auf bemehlter Arbeitsfläche dünn ausrollen. Mit einem runden gezackten Ausstecher (9 cm Ø) 30 Kreise ausstechen. Bei der Hälfte in der Mitte noch ein Loch ausstechen. Auf ein gefettetes Blech setzen.
3. Die gelochten Plätzchen mit Eigelb, verdünnt mit 1 EL Wasser, bestreichen und mit 75 g Mandelblättchen bestreuen. Bei 175 Grad etwa 12 Minuten backen.
4. Die ganzen Plätzchen mit 200 g erwärmter Johannisbeerkonfitüre bestreichen, die gelochten Plätzchen daraufsetzen.

Käsekuchen

WARENKUNDE

Puderzucker

Zucker war in Europa lange Zeit ein Luxusartikel, der nur an Fürstenhöfen und begüterten Handelshäusern konsumiert wurde. Das einfache Volk versüßte sich das Leben mit Honig. Erst nach Entdeckung des Rübenzuckers als billigem Rohrzucker-Ersatz wurden die süßen Kristalle für jedermann erschwinglich. Heute unterscheidet man Zucker nicht mehr nur nach seiner Herkunft aus Rohr oder Rübe. Ein wichtiges Unterscheidungsmerkmal verschiedener Zuckersorten sind auch äußere Qualitätsmerkmale: »Raffinade« heißt der gebräuchlichste weiße Streuzucker, den es in verschiedenen Körnungen gibt. Es folgen Würfelzucker, Hutzucker (in Hutform gepreßt), Kandiszucker sowie Puderzucker. Bei Puderzucker, auch Staubzucker genannt, handelt es sich um ultrafein vermahlenen Zucker. Er ist überall dort wichtig, wo Zucker mit anderen Zutaten eine besonders innige Verbindung eingehen soll, etwa bei Glasuren oder Baisermasse. Außerdem kann man ihn zum Überstauben von Kuchen und Kleingebäck verwenden.

ZUTATEN

Für den Mürbeteig:

220 g Mehl
120 g Butter
50 g Puderzucker
1 Messerspitze Salz
1 Eigelb
1 kg Linsen zum Blindbacken

Für die Quarkmasse:

500 g Quark
4 Eier
160 g Zucker
abgeriebene Schale einer unbehandelten Zitrone
1 Messerspitze Salz
100 g Butter
60 g Speisestärke (z. B. Mondamin)
80 g Rosinen
2 cl Kirschwasser
Puderzucker zum Überstauben

Für Käsetörtchen mit Kirschen

1 Rezept Mürbeteig
1/2 Rezept Quarkfülle, jedoch ohne Rosinen und Kirschwasser
400 g Kirschen (entsteint 325 g)

KÜCHENGERÄTE

Obstkuchenform, 26 cm Durchmesser (bzw. 6 Tortelettförmchen, 12 cm Durchmesser)
Mehlsieb
Klarsichtfolie
Nudelholz
Pergamentpapier
1 großes und 1 kleines Sieb
Palette
Teigkärtchen
1 kleiner Topf
2 Schüsseln
Zitrusreibe
Schneebesen und Handmixer
Holzspatel
Draht zum Einbrennen des Musters

ZEIT

Vorbereitungszeit:
1 Stunde 30 Minuten

Backzeit:
55 Minuten

Ruhezeit:
2 Stunden

WICHTIGE TIPS

1. Zubereitung des Mürbeteigs siehe Grundrezept Seite 52/53.
2. Der Quark sollte möglichst trocken sein; auch Schichtkäse ist gut geeignet.

ZUBEREITUNG KÄSEKUCHEN

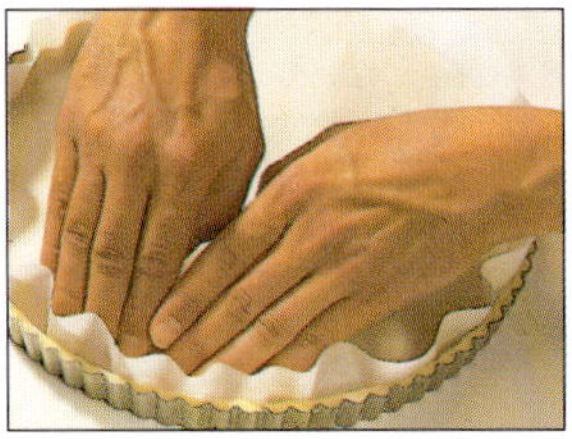

1. Pergamentpapier in die mit Teig ausgelegte Form legen.

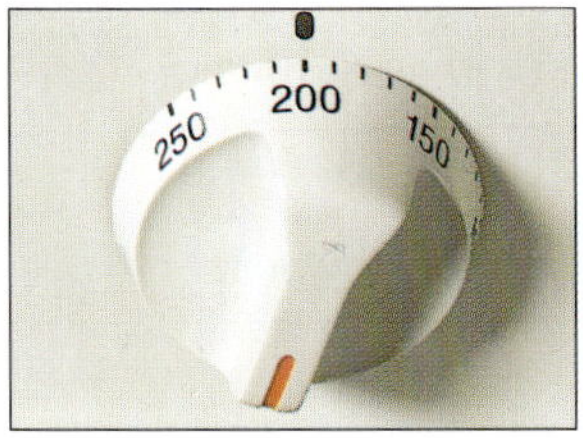

2. Backofen auf 200 Grad vorheizen.

3. Quark durch ein Sieb streichen.

4. Eier trennen und Eigelb zur Quarkmischung geben.

5. Mit dem Schneebesen schaumig rühren.

6. Zitronenschale abreiben und dazugeben.

7. Flüssige Butter zugießen und unterrühren.

8. Rosinen unterrühren.

9. Eischnee mit dem Holzspatel vorsichtig unterziehen.

10. Masse auf dem vorgebackenen Mürbeteig verteilen und glattstreichen.

11. Auf der mittleren Schiene 45 Minuten backen.

12. Mit einem glühenden Draht ein Gittermuster einbrennen.

ZUBEREITUNG KÄSETÖRTCHEN MIT KIRSCHEN

1. Tortelettförmchen mit Teig auslegen.

2. Teig am Förmchenrand andrücken.

3. Quarkmasse einfüllen.

4. Die Kirschen entsteinen.

5. Kirschen auf der Quarkmasse verteilen.

6. Fertige Törtchen aus der Form nehmen.

REZEPT

1. Mehl auf Arbeitsfläche sieben und mit Butter, Puderzucker, Salz und Eigelb zum geschmeidigen Teig kneten. Mit Folie abdecken, ca. 2 Stunden kühl stellen.
2. Den Backofen auf 200 Grad vorheizen.
3. Die Rosinen im Kirschwasser einweichen.
4. Den Mürbeteig auf einer bemehlten Fläche zu einer runden Platte von etwa 33 cm ausrollen. Die Springform mit dem Teig auslegen, den Rand sorgfältig andrücken, überstehende Reste abschneiden. Den Boden mit einer Gabel mehrmals einstechen. Mit Pergamentpapier auslegen, mit den Linsen füllen und auf der mittleren Schiene 10 Minuten backen.
5. Den Kuchen herausnehmen und die Temperatur auf 160 Grad reduzieren.
6. Den Quark durch ein Sieb streichen. Eigelbe, Salz und die Hälfte des Zuckers zum Quark geben und schaumig schlagen. Zitronenschale, warme Butter und das Mehl unter den Quark rühren. Danach die eingeweichten Rosinen zu der schaumigen Quarkmasse geben und gut durchrühren.
7. Das Eiweiß mit dem restlichen Zucker steif schlagen und unter die Quarkmasse heben.
8. Die Quarkmasse auf den vorgebackenen, abgekühlten Teig geben, glattstreichen und 45 Minuten backen.
9. Etwas abkühlen lassen, mit Puderzucker besieben und mit einem glühenden Draht ein Gitter einbrennen.

Käsetörtchen mit Kirschen

1. Aus dem ausgerollten Mürbeteig 6 Kreise von je 14–15 cm Ø ausstechen. 6 Tortelettförmchen mit dem Teig auslegen, Boden mit einer Gabel einstechen. Mit Pergamentpapier auslegen und mit den Linsen füllen. Bei 200 Grad 15 Minuten backen. Danach die Temperatur auf 160 Grad reduzieren.
2. Quarkfülle in die vorgebackenen, abgekühlten Torteletts füllen, glattstreichen und die Kirschen darauf verteilen. 45–50 Minuten backen. Danach abkühlen lassen und mit Puderzucker überstauben.

Heidelbeertarte

WARENKUNDE

Heidelbeeren
Am häufigsten anzutreffen ist der kleine Heidelbeerstrauch auf sauren Heide-Böden (daher ihr Name) sowie in lichten Laub- und Mischwäldern. Das Einsammeln der Beeren ist zeitaufwendige Handarbeit. Deshalb sind echte Waldheidelbeeren recht teures Obst. Auf dem Markt dominieren heute die Kulturheidelbeeren. Sie sind mit ihren wild wachsenden Verwandten kaum zu vergleichen.
In der Backstube eignen sich Heidelbeeren ganz vorzüglich für einfaches Gebäck wie Hefekuchen. Eierpfannkuchen mit Blaubeeren und Ahornsirup sind eine bekannte amerikanische Spezialität, aber auch bei uns beliebt.

ZUTATEN

Für den Teig:
300 g Mehl
120 g Butter
50 g Schweineschmalz
30 g Zucker
1/2 TL Salz
1 Ei
3–4 EL Eiswasser
Mehl zum Ausrollen

Für die Füllung:
750 g Heidelbeeren
120 g Zucker
Saft und abgeriebene Schale einer unbehandelten Zitrone
100 g geriebene Mandeln
70 g Biskuitbrösel
2 Eier
1/4 l Sahne
3 cl Cognac

Außerdem:
1/2 Päckchen klarer Tortenguß

KÜCHENGERÄTE

Obstkuchenform, 30 cm Durchmesser
1 große Schüssel
Nudelholz
Zitrusreibe
Klarsichtfolie
Kochlöffel
1 kleine Kasserolle
Backpinsel

ZEIT

Vorbereitungszeit:
35 Minuten

Backzeit:
40 Minuten

Ruhezeit:
2 Stunden

WICHTIGE TIPS

1. Für den Belag der Torte eignen sich alle Früchte, die im Ofen mitgebacken werden können: Äpfel, Birnen, Pfirsiche, Aprikosen etc.
2. Der Teig läßt sich auch ohne Schweineschmalz zubereiten. Dann einfach 30 g mehr Butter dazugeben.

ZUBEREITUNG HEIDELBEERTARTE

1. Schweineschmalz zu Butter und Mehl geben.

2. Zucker und Salz zufügen.

3. Mit den Händen zu Streuseln verarbeiten.

4. Das Ei zugeben.

5. Eiswasser dazugießen.

6. Möglichst schnell zu einer Teigkugel formen.

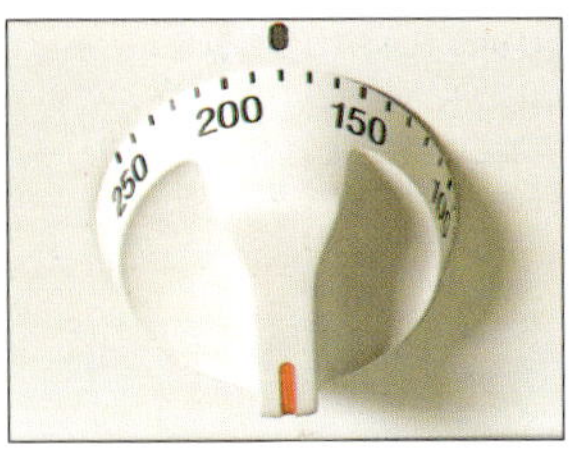

7. Backofen auf 180 Grad vorheizen.

8. Form mit Teig auslegen, den Rand andrücken.

9. Heidelbeeren auf die Mandel-Brösel-Mischung geben.

10. Eier, Sahne, Cognac und Zucker verrühren.

11. Mischung über den vorgebackenen Kuchen gießen.

12. Weitere 15 Minuten backen.

REZEPT

1. Das Mehl mit der kleingewürfelten Butter, Schweineschmalz, Zucker und Salz in eine Schüssel geben und mit den Händen ähnlich wie bei Streuseln zu ganz feinen Krümeln zerreiben.
2. Ei und Eiswasser dazugeben und verkneten. Auf der Arbeitsplatte mit möglichst wenigen Handgriffen zu einer Teigkugel kneten. In Folie einwickeln und ca. 1–2 Stunden im Kühlschrank ruhen lassen.
3. Backofen auf 180 Grad vorheizen. Die Obstkuchenform fetten.
4. Teig zu einer runden Teigplatte von etwa 45 cm Durchmesser ausrollen und die Form damit auslegen. Rand gut andrücken und eventuell überstehenden Rand abschneiden. Den Boden mit einer Gabel mehrmals einstechen.
5. Die Heidelbeeren in einer Schüssel mit der Hälfte des Zuckers, dem Saft und der abgeriebenen Schale der Zitrone mischen.
6. Mandeln und Biskuitbrösel miteinander vermischen und in die ausgelegte Form streuen, die Heidelbeeren daraufgeben und möglichst glattstreichen.
7. Auf mittlerer Schiene ca. 20 Minuten backen.
8. Inzwischen die Eier mit Sahne, Cognac und dem restlichen Zucker verrühren. Über den vorgebackenen Kuchen gießen.
9. Weitere 15–20 Minuten hellbraun backen. Die Tarte abkühlen lassen.
10. Den Tortenguß nach Angaben des Herstellers zubereiten und die Tarte damit überglänzen.

Heidelbeer-Pie

1. 1/3 des Teiges in der Größe einer Pie-Form (24 cm Ø) ausrollen und mit einem kleinen Ausstecher einige Stücke aus der Teigdecke herausstechen, damit der beim Backen entstehende Dampf entweichen kann.
2. Restlichen Teig ausrollen und Boden und Rand der gefetteten Pie-Form auslegen.
3. 500 g Heidelbeeren mit 125 g Zucker, der abgeriebenen Schale von 1/2 Zitrone und 30 g Speisestärke mischen und in die Form geben.
4. Teigdecke über die Beeren geben, Teigränder gut zusammendrücken. Mit verdünntem Eigelb bestreichen und bei 200 Grad etwa 50 Minuten backen. Mit Puderzucker überstauben.

Elsässer Apfelkuchen

(Grundrezept Quarkölteig)

WARENKUNDE

Äpfel

Äpfel gehören zu den ältesten Kulturfrüchten der Erde. Ihr Wohlgeschmack trug ihnen den Ruf ein, Symbol der Verführung schlechthin zu sein: Ein Apfel zerstörte die himmlische Eintracht des Paradieses; der Apfel des Paris, der schönen Helena zugedacht, löste schreckliche Kriege aus – und Schneewittchen sank nach dem Biß in ein besonders schönes Exemplar der Gattung Malus domestica in tiefen Schlaf.
Der herzhafte Biß in einen Cox Orange ist heutzutage jedoch nicht nur ungefährlich, sondern überaus gesund: Die Äpfel mit ihren weltweit etwa 20 000 Sorten sind reich an Vitaminen. Äpfel werden in drei Gruppen eingeteilt: Mostobst, Wirtschaftsobst und Tafelobst. Als Zutat für die Hausbäckerei kommt nur bestes Tafelobst in Frage. Aus der Vielzahl der Sorten empfiehlt sich eine herbe, kräftige, wie der bewährte Boskop oder Cox Orange.

ZUTATEN

Für den Quarkölteig:

150 g Mehl
1/2 Päckchen Backpulver
40 g Puderzucker
1 Prise Salz
1 TL Vanillezucker
75 g Quark
2 EL Milch
3 EL Keimöl

Für den Belag:

900 g kleine Äpfel
2 EL Zitronensaft
100 g Zucker
3 Eier
1/8 l Sahne
1 EL Puderzucker

KÜCHENGERÄTE

Quicheform,
28 cm Durchmesser
Mehlsieb
Nudelholz
1 große Schüssel
1 kleines Sieb
Klarsichtfolie
Kochlöffel

ZEIT

Vorbereitungszeit:
30 Minuten

Backzeit:
40 Minuten

Ruhezeit:
30 Minuten

WICHTIGE TIPS

1. Am besten verwenden Sie eine säuerliche Apfelsorte, z. B. Boskop, Cox Orange oder Horneburger.
2. Die Äpfel nach dem Schälen und Vierteln mit etwas Zitronensaft beträufeln, damit sie nicht braun werden.
3. Der Quark sollte möglichst trocken sein, am besten eignet sich Schichtkäse.

ZUBEREITUNG ELSÄSSER APFELKUCHEN

1. Quark zur Mehl-Zucker-Mischung geben.

2. Öl zufügen.

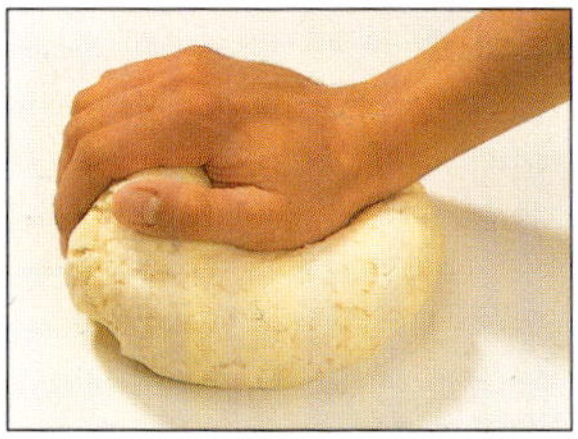

3. Mit den Händen zu einem Teig kneten.

4. Form mit ausgerolltem Teig auslegen.

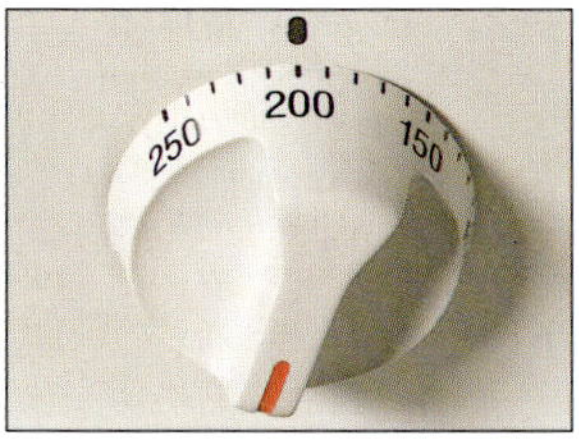

5. Backofen auf 200 Grad vorheizen.

6. Geschälte Äpfel vierteln.

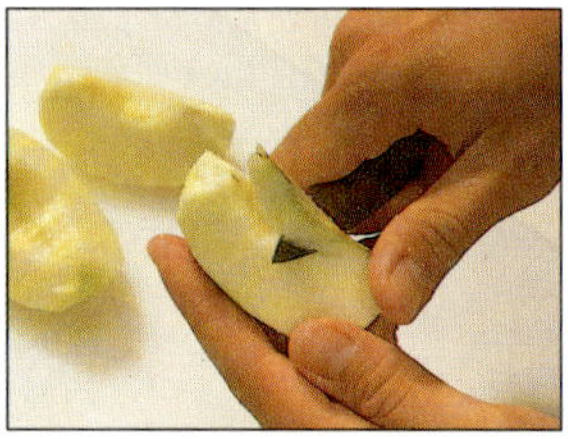

7. Das Kerngehäuse entfernen.

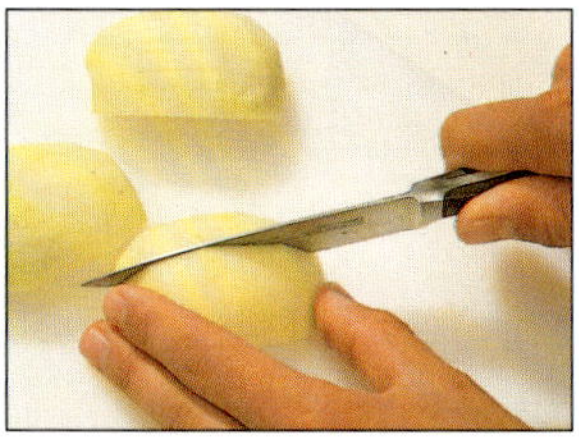

8. Äpfel der Länge nach einschneiden.

9. Teig mit den Apfelvierteln belegen.

10. Eier, Zucker und Sahne verrühren.

11. Eiermasse über den Äpfeln verteilen.

12. Auf der mittleren Schiene 30 Minuten backen.

REZEPT

1. Mehl und Backpulver auf eine Arbeitsfläche sieben, Zucker, Salz und Vanillezucker zugeben. In eine Mulde Quark, Milch und Öl geben und alle Zutaten gut zusammenkneten. In eine Folie einwickeln und 30 Minuten in den Kühlschrank stellen.
2. Den Teig auf einer bemehlten Arbeitsfläche messerrückendick ausrollen. Quicheform fetten und mit dem Teig auslegen. Überstehenden Rand abschneiden.
3. Backofen auf 200 Grad vorheizen.
4. Die Äpfel schälen, vierteln und das Kerngehäuse entfernen. Die Apfelviertel gleichmäßig längs einschneiden und mit Zitronensaft beträufeln. Gleichmäßig auf dem Teig verteilen.
5. Auf der mittleren Schiene 10 Minuten vorbacken.
6. Inzwischen Zucker, Eier und Sahne verrühren. Über den Äpfeln verteilen und den Kuchen in weiteren 30 Minuten fertigbacken.
7. Abkühlen lassen und mit Puderzucker überstauben.

VARIATIONEN

1. Geben Sie auch einmal gemahlene Mandeln oder Nüsse in die Eiermasse. Sie werden zusammen mit der Sahne vermischt.
2. Bereiten Sie statt der Eiersahne einen Weinguß zu. Dafür 0,1 l trockenen Weißwein mit 1 Ei, 75 g Crème fraîche, 30 g Zukker und 30 g Speisestärke gut verrühren. Den Guß auf dem vorgebackenen Kuchen verteilen und den Kuchen fertigbacken.

Quarktaschen

WARENKUNDE

Speisestärke

Ohne Mehl geht in der Backstube überhaupt nichts. Manche feinen Teige verlangen darüber hinaus aber noch eine bestimmte Menge Speisestärke. Erst durch sie wird der Sandkuchen »sandig«, der Biskuitboden zart und leicht. Normales Mehl enthält einen wichtigen Wirkstoff, den Kleber. Er macht die Teige zäh und elastisch, aber auch relativ großporig. Benötigt man einen besonders feinen Teig, muß die Wirkung des Klebers reduziert werden. Dies geschieht, indem man einen Teil des Mehls durch Speisestärke ersetzt. Dabei gilt die Regel: Je größer der reine Stärkeanteil im Teig ist, um so feinporiger, also leichter wird das Endprodukt.
Am gebräuchlichsten sind Maisstärke (Mondamin, Maizena) und Weizenstärke. Auch beim Kochen sorgt Stärke für die richtige Bindung z. B. von Flammeris, Fruchtgrützen und Cremes für Kuchenfüllungen.

ZUTATEN
für 9 Taschen

Für den Quarkölteig:

300 g Mehl
1 Päckchen Backpulver
80 g Puderzucker
1 Prise Salz
1 Päckchen Vanillezucker
150 g Quark, 4 EL Milch
6 EL Keimöl

Für die Quarkfülle:

250 g Quark
50 g Rosinen, 1 TL Rum
1 Ei
80 g Zucker
2 EL Speisestärke (z. B. Mondamin)
das Mark von 1/2 Vanilleschote
1 Eigelb zum Bestreichen
Puderzucker zum Überstauben

KÜCHENGERÄTE

Backblech
Mehlsieb
1 große, 1 kleine Schüssel
Klarsichtfolie
1 großes, 1 kleines Sieb
Teigkärtchen
Kochlöffel
Nudelholz
runde Ausstechform, 5 cm Durchmesser
Backpinsel
Kuchengitter

ZEIT

Vorbereitungszeit:
30 Minuten

Backzeit:
15–20 Minuten

Ruhezeit:
1 Stunde

WICHTIGE TIPS

1. Zubereitung des Quarkölteigs siehe Grundrezept Seite 84/85.
2. Statt Rosinen andere Trockenfrüchte verwenden, z. B. Backpflaumen oder Aprikosen.

ZUBEREITUNG QUARKTASCHEN

1. Quark durch ein Sieb streichen.

2. Rosinen in Rum einweichen.

3. Ei zum Quark geben.

4. Stärkemehl zugeben und alles verrühren.

5. Rosinen untermischen.

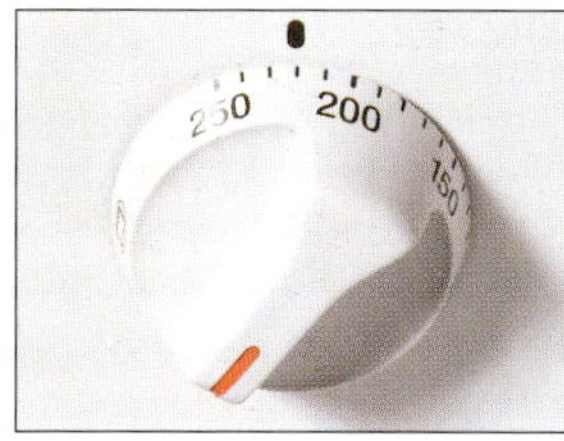

6. Backofen auf 220 Grad vorheizen.

7. Quarkmasse auf den Teigquadraten verteilen.

8. Ecken auf der Unterseite mit Eigelb bestreichen.

9. Die vier Ecken übereinanderklappen und festdrücken.

10. Deckel daraufsetzen und andrücken.

11. Auf mittlerer Schiene ca. 15 Minuten backen.

12. Mit Puderzucker überstauben.

REZEPT

1. Mehl, Backpulver und Puderzucker auf eine Arbeitsfläche sieben, Salz und Vanillezucker dazugeben. Mit dem Quark, der Milch und dem Öl zu einem glatten Teig kneten. In Folie einschlagen und etwa 1 Stunde in den Kühlschrank stellen. Die Rosinen im Rum einweichen.
2. Für die Fülle den Quark durch ein Sieb streichen. Ei, Zucker und Stärkemehl zum Quark geben, dann die eingeweichten Rosinen und das Vanillemark zugeben und gut vermischen.
3. Den gekühlten Teig auf einer bemehlten Arbeitsfläche zu einer Platte von 40 x 40 cm ausrollen. 9 Quadrate von je 12 x 12 cm ausschneiden.
4. Backofen auf 220 Grad vorheizen.
5. In die Mitte jedes Teigquadrates 1 EL Quarkmasse geben. Die Enden mit Eigelb bestreichen und übereinanderklappen. Aus dem restlichen Teig runde Deckel von etwa 5 cm Ø ausstechen, in der Mitte anbringen und alles mit Eigelb bestreichen.
6. Auf der mittleren Schiene 15–20 Minuten backen.
7. Etwas abkühlen lassen und mit Puderzucker überstauben.

Äpfel im Schlafrock

1. Den Teig zubereiten wie für Quarktaschen.
2. 9 kleine Äpfel schälen, die Kerngehäuse herausstechen.
3. 200 g Rosinen mit 2 EL Puderzucker mischen und in die ausgehöhlten Äpfel füllen.
4. Auf jedes Teigquadrat einen Apfel setzen, die vier Ecken übereinanderklappen und gut festdrücken. Deckel daraufsetzen und andrücken.
5. Mit Eigelb bestreichen und bei 200 Grad etwa 30 Minuten backen.

Schweinsohren

(Grundrezept Quarkblätterteig)

WARENKUNDE

Quark

Quark ist nichts anderes als ein ungereifter Frischkäse aus pasteurisierter Milch, Sahne oder entrahmter Milch – ebenso gesund wie wohlschmekkend. Quark wird von der »Magerstufe« bis zur »Doppelrahmstufe« mit jedem gewünschten Fettgehalt angeboten.
In der Hausbäckerei sollte immer ein möglichst trockener Quark verwendet werden. Am besten eignet sich der sogenannte »Schichtkäse«. Bei dieser Quarksorte ist die Molke weitgehend abgelaufen. Zurück bleibt eine feste Masse, die nach dem Backen nicht »suppt« und den Teigboden durchnäßt. Wenn kein Schichtkäse zur Hand ist, kann man den zu feuchten Quark auch über Nacht durch ein Gazetuch abtropfen lassen.

ZUTATEN
für 50 Stück

250 g Mehl
3 gestrichene TL Backpulver
250 g Quark
250 g Butter
200 g Zucker

KÜCHENGERÄTE

Backblech
Mehlsieb
Nudelholz
Klarsichtfolie

ZEIT

Vorbereitungszeit:
30 Minuten

Backzeit:
10 Minuten

Ruhezeit:
Über Nacht; 15 Minuten

WICHTIGE TIPS

1. Quarkblätterteig am Vortag herstellen. Er muß über Nacht kühl stehen.
2. Blätterteig mit kühlen Händen verarbeiten. Auch die Zutaten, vor allem das Fett, müssen kalt sein.
3. Beschreibung der Touren siehe Seite 11.
4. Quarkblätterteig läßt sich sehr gut für etwa 3 Monate einfrieren. Den fertigen Blätterteig dünn ausrollen, in Rechtecke schneiden, mit Mehl überstauben. Die Teigstücke durch Klarsichtfolie getrennt aufeinanderlegen und in Gefrierbeutel verpackt einfrieren. Bei Raumtemperatur in 2 bis 3 Stunden auftauen und weiterverarbeiten wie frisch zubereiteten Teig.

ZUBEREITUNG SCHWEINSOHREN

1. Butter in kleine Würfel schneiden.

2. Butter zur Quark-Mehl-Backpulver-Mischung geben.

3. Mit den Händen zum Teig kneten.

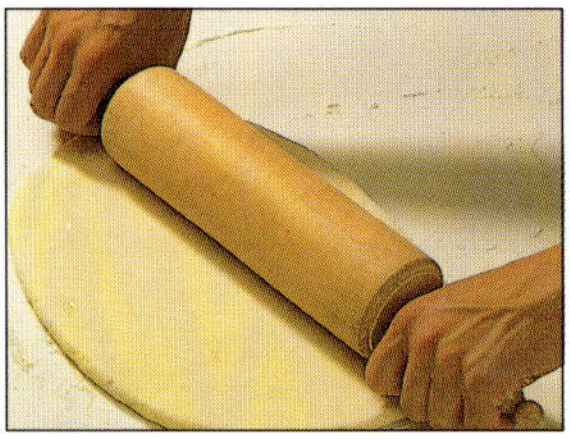

4. Teig mit dem Nudelholz ausrollen.

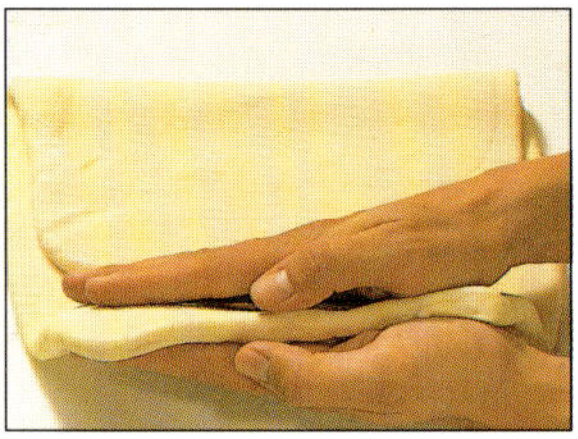

5. Dem Teig zwei doppelte Touren geben.

6. In Folie einwickeln und über Nacht ruhen lassen.

7. Teig auf dem Zucker ausrollen, dabei öfters wenden.

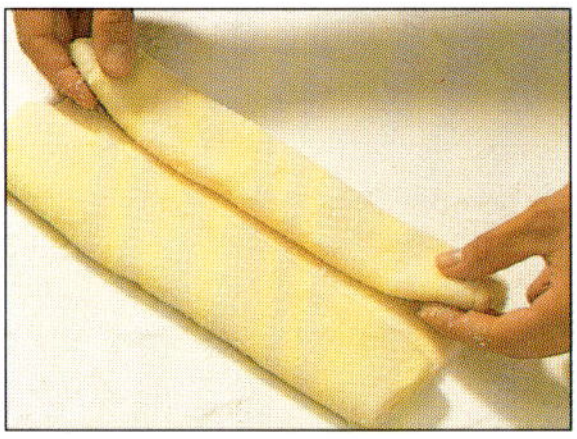

8. Teig zusammenfalten.

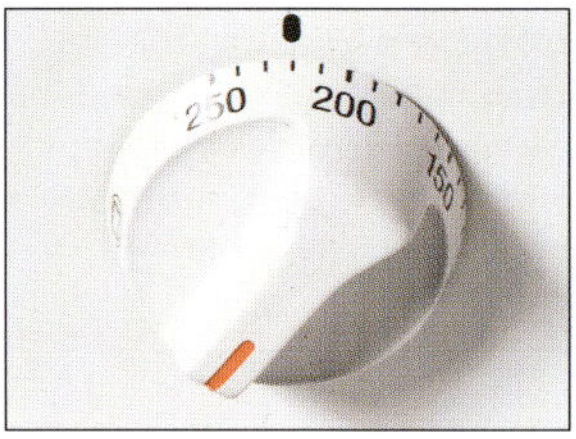

9. Backofen auf 220 Grad vorheizen.

10. Teigrolle in 1 cm breite Streifen schneiden.

11. Streifen formen und auf das Backblech legen.

12. Auf mittlerer Schiene 10 Minuten backen.

REZEPT

1. Das Mehl mit dem Backpulver auf eine Arbeitsfläche sieben und in die Mitte eine Mulde drücken. Den Quark und die in Stücke geschnittene Butter in die Mulde geben und mit den Händen von innen nach außen zu einem glatten Teig verarbeiten.
2. Den Teig auf einer leicht bemehlten Arbeitsfläche zu einem Rechteck von 30 x 60 cm ausrollen, zweimal in doppelten Touren zusammenschlagen und in Klarsichtfolie eingewickelt über Nacht im Kühlschrank ruhen lassen.
3. Backblech fetten. Den Zucker auf eine Arbeitsfläche geben und den Teig darauf zu einer Größe von 22 x 50 cm ausrollen. Dabei die Teigplatte öfters wenden, damit der Zucker gleichmäßig in den Teig eingerollt wird.
4. Die Teigplatte von den Schmalseiten zweimal zur Mitte umschlagen und ein drittes Mal zusammenfalten. Von diesem 50 cm langen Streifen 50 Stücke von 1 cm Breite abschneiden und auf das Backblech legen.
5. Backofen auf 220 Grad vorheizen.
6. Die Schweinsohren 15 Minuten auf dem Blech ruhen lassen, anschließend etwa 10 Minuten backen. Dann mit einer Spachtel wenden, damit der Zucker auf beiden Seiten karamelisieren kann.

VARIATIONEN

1. Die Schweinsohren mit Vanillebuttercreme bestreichen und zusammensetzen. Rezept der Vanillebuttercreme siehe Seite 179/181.
2. Schweinsohren zur Hälfte in Schokoladenguß tauchen. Erkalten lassen.
3. Schweinsohren mit steifgeschlagener Sahne füllen und zusammensetzen.

Holländer Kirschtorte

WARENKUNDE

Fondant
Der klangvolle Name bezeichnet nichts weiter als reinen Zucker, der – wie die Zuckerbäcker sagen – bis zum »schwachen Flug« (113 Grad) erhitzt und dann so lange gerührt wird, bis er mit vielen tausend Luftbläschen durchsetzt ist. Er nimmt dann einen seidigweißen Farbton an. Fondant wird als Glasur verwendet, kann aber auch – bunt eingefärbt – zu Süßigkeiten (Fondant-Eiern) verarbeitet werden. Im Handel als Fertigprodukt erhältlich.

ZUTATEN

Für den Quarkblätterteig:

250 g Mehl
3 gestrichene TL Backpulver
250 g Quark
250 g Butter

Für den Belag:

60 g Johannisbeerkonfitüre
80 g Fondant
3/4 l Sahne
100 g Zucker
1 Glas Sauerkirschen mit Saft (450 g Fruchteinwaage)
1 Messerspitze Zimt
3 TL Speisestärke (z. B. Mondamin)

KÜCHENGERÄTE

Backblech
Springform, 24 cm Durchmesser
Mehlsieb
Nudelholz
Pergamentpapier
Sieb
1 Kasserolle
Backpinsel
Schneebesen oder Handmixer
Spritztüte mit großer Lochtülle
Tortenunterlage
Teigschaber
Palette

ZEIT

Vorbereitungszeit:
1 Stunde

Backzeit:
10 Minuten

Ruhezeit:
Über Nacht; 15 Minuten

WICHTIGE TIPS

1. Zubereitung des Quarkblätterteigs siehe Grundrezept Seite 92/93.
2. Um den Tortendeckel in 12 gleich große Stücke zu teilen, diesen mit einem langen Messer zuerst halbieren, dann vierteln, dann die Viertel weiter aufteilen. Dabei jeweils in der ganzen Länge durchschneiden.
3. Quark muß bei der Verwendung für Gebäck glatt und frisch sein. Sehr gut eignet sich auch Schichtkäse.

ZUBEREITUNG HOLLÄNDER KIRSCHTORTE

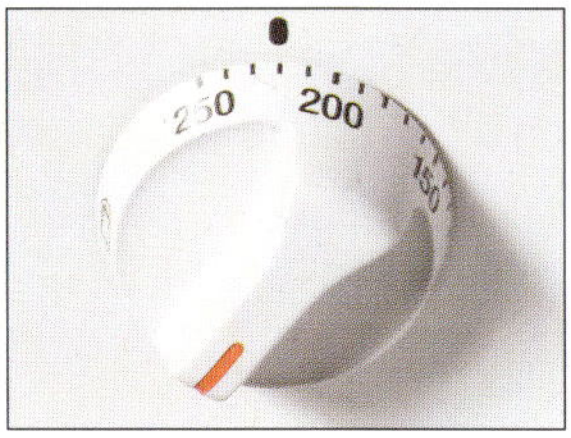

1. Backofen auf 220 Grad vorheizen.

2. Aus dem ausgerollten Teig die Böden ausschneiden.

3. Auf der mittleren Schiene 10 Minuten backen.

4. Mit einem Messer den Teigrand abschneiden.

5. Zuerst mit Konfitüre, dann mit Fondant bestreichen.

6. Den Tortendeckel mit einem Tortenmesser in 12 Stücke teilen.

7. Auf den Boden Sahneringe spritzen.

8. Kirschen zwischen den Sahneringen verteilen.

9. Zwischenboden daraufsetzen.

10. Sahne daraufgeben und glattstreichen.

11. Den Tortenring abnehmen.

12. Den glasierten Tortendeckel darauflegen.

REZEPT

1. Den Teig wie für die Schweinsohren (Rezept Seite 92/93) zubereiten und über Nacht im Kühlschrank ruhen lassen.
2. Den Teig auf einer bemehlten Arbeitsplatte ausrollen und touren.
3. Den Teig in drei Teile teilen und zu 3–4 mm starken Platten, die etwas größer als die Springform sein sollen, ausrollen. Die Teigplatten auf ein mit Pergamentpapier belegtes Backblech legen. Die Springform mit dem oberen Rand nach unten auf den Teig setzen und mit einem spitzen Messer am Wulst entlangschneiden. 15 Minuten ruhen lassen. Backofen auf 220 Grad vorheizen.
4. Die Böden mit einer Gabel mehrmals einstechen und etwa 10 Minuten backen.
5. In der Zwischenzeit Sauerkirschen abtropfen lassen, den Saft auffangen und mit Zimt und 50 g Zucker aufkochen, die angerührte Speisestärke einrühren, kurz durchkochen lassen und dann die Kirschen zugeben. Abkühlen lassen.
6. Die noch warmen Böden, falls nötig, zuschneiden. Dazu den Ring auflegen und mit einem scharfen Messer am inneren Rand vorsichtig entlangschneiden.
7. Den schönsten Boden mit der Oberseite nach unten auf die Arbeitsfläche legen und mit der passierten, heißen Johannisbeerkonfitüre bestreichen. Etwas fest werden lassen und anschließend mit einem Pinsel gleichmäßig mit Fondant glasieren, so daß eine rosa schimmernde Oberfläche entsteht. Sobald sie fest ist, mit einem Tortenmesser in 12 Stücke teilen.
8. Die Sahne mit dem Zucker steif schlagen.
9. Einen Boden in die Springform legen und dünn mit Sahne bestreichen. Mit einem Spritzbeutel mit großer Lochtülle am Rand entlang einen Sahnering spritzen. In gleichmäßigen Abständen zwei weitere Ringe aufspritzen. Die Sauerkirschen gleichmäßig zwischen die Sahneringe legen (12 Kirschen für die Garnitur zurückbehalten).
10. Den zweiten Blätterteigboden am besten mit Hilfe einer Tortenunterlage in die Springform schieben und vorsichtig auf der Füllung andrücken. Eine zweite Sahneschicht bis zur Höhe des oberen Springformrandes einfüllen und glattstreichen.
11. Um eventuelle Luftblasen in der Füllung entweichen zu lassen, die Form etwas hochheben und auf die Arbeitsfläche zurückfallen lassen.
12. Den Ring abnehmen und den Rand der Torte mit Sahne einstreichen. Den glasierten und vorgeschnittenen Deckel mit Hilfe einer Tortenunterlage auf die Torte schieben und leicht andrücken. Jedes Stück mit einer Sahnerosette und einer gut abgetropften Sauerkirsche garnieren.

Windbeutel

(Grundrezept Brandteig)

WARENKUNDE

Sahne

Frische Kuhmilch hat heutzutage nur selten Zeit und Ruhe, ein natürliches Sahnehäubchen zu bilden. Schon frühmorgens wird sie in die Molkerei transportiert, wo man ihr durch Zentrifugieren den Rahm austreibt. Man unterscheidet frische süße sowie in Milchsäuregärung übergegangene saure Sahne. In Österreich wird mit »Rahm« nur die saure Sahne bezeichnet. Süße Sahne heißt »Obers«, Schlagsahne entsprechend »Schlagobers«.
In Küche und Backstube dient Sahne zum Binden von Saucen sowie zum Verfeinern von Cremes und Kuchenteig. Daneben eignet sie sich vorzüglich als leichte (wenn auch kalorienreiche) Füllung für Torten und Gebäck. Kroß gebackene Windbeutel, mit luftig geschlagener Sahne gefüllt und mit Puderzucker besiebt, sind sicherlich eine Idealkombination.

ZUTATEN

für 20 Stück

1/2 l Wasser
100 g Butter
1 Messerspitze Salz
250 g Mehl
5–6 Eier
1/4 l Sahne
2 EL Zucker

KÜCHENGERÄTE

Backblech
1 Topf
Kochlöffel
1 große Schüssel
Spritztüte
Sterntülle Nr. 11
Handmixer oder Schneebesen

ZEIT

Vorbereitungszeit:
1 Stunde 10 Minuten

Backzeit:
15–20 Minuten

WICHTIGE TIPS

1. Statt der Butter können Sie ebenso gut 8 EL (80 ml) Keimöl verwenden.
2. Die Eier nacheinander unterrühren. Glänzt der Teig beim vierten oder fünften Ei schon stark genug, keine weiteren Eier dazugeben, auch wenn im Rezept noch mehr Eier angegeben sind.
3. Brandteiggebäck (ungefüllt) hält sich tiefgefroren ca. 5–6 Monate. Bei Zimmertemperatur ca. 30 Minuten auftauen lassen.

ZUBEREITUNG WINDBEUTEL

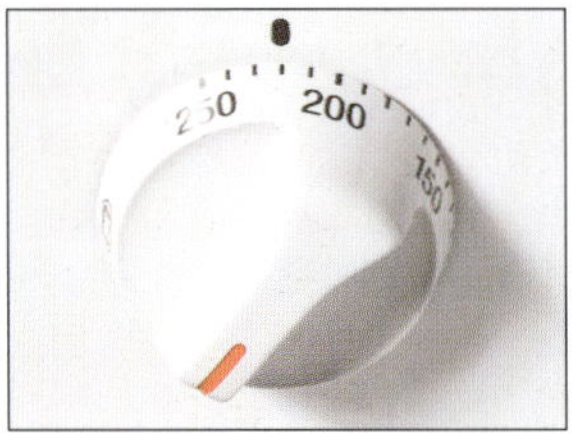

1. Backofen auf 220 Grad vorheizen.

2. Wasser mit Butter und Salz aufkochen.

3. Mehl zugeben und umrühren.

4. Unter ständigem Rühren weiter erhitzen.

5. Den Teig zum Kloß abbrennen.

6. Ein Ei zugeben und verrühren.

7. Restliche Eier nacheinander unterrühren.

8. Teigkonsistenz mit dem Kochlöffel prüfen.

9. Mit dem Spritzbeutel Rosetten auf das Backblech spritzen.

10. Auf der mittleren Schiene 15 Minuten backen.

11. Windbeutel aufschneiden.

12. Mit steifgeschlagener Sahne füllen.

REZEPT

1. Wasser, Butter und Salz in einem Topf aufkochen. Das Mehl auf einmal dazugeben. So lange rühren, bis sich die Masse im Topf löst, einen Kloß bildet und eine weiße Haut den Topfboden überzieht. Die Masse in eine Schüssel umfüllen und abkühlen lassen.
2. Den Backofen auf 220 Grad vorheizen. Das Backblech leicht fetten.
3. Zuerst ein Ei unterrühren. Erst wenn es sich völlig mit der Masse verbunden hat, die übrigen Eier dazugeben und verrühren. Die Masse ist richtig, wenn sie glänzt und geschmeidig ist, so daß man sie spritzen kann.
4. Die Masse in einen Spritzbeutel mit Sterntülle Nr. 11 füllen und auf das gefettete Blech große Rosetten spritzen. Dabei genügend Abstand zwischen den Rosetten lassen, denn Brandmasse geht sehr stark auf.
5. Das Blech in den Ofen schieben, eine Tasse Wasser in den Ofen gießen und die Türe des Backofens schließen. Die Windbeutel auf der mittleren Schiene etwa 15–20 Minuten backen. Zwischendurch die Türe nicht öffnen, da das Gebäck sonst zusammenfällt, zäh und unbrauchbar wird.
6. Die Windbeutel heiß aufschneiden.
7. Die Sahne mit dem Zucker steif schlagen. In einen Spritzbeutel mit Sterntülle Nr. 11 füllen. Die unteren Hälften der Windbeutel damit füllen und die Deckel daraufsetzen.

Eclair

Mit der Loch- oder Sterntülle etwa 8 cm lange Teigstangen auf das Backblech spritzen und wie Windbeutel backen. Abkühlen lassen, mit Mokkacreme füllen und mit Mokkaguß bestreichen.

Mokkacreme

1. Von 1/2 l Milch 5 EL abnehmen und mit 45 g Speisestärke anrühren.
2. Die restliche Milch mit 100 g Zucker und 1 Päckchen Vanillinzucker zum Kochen bringen. Die angerührte Speisestärke unter Rühren dazugießen und kurz kochen lassen. Den Flammeri in eine Schüssel geben und erkalten lassen. Ab und zu umrühren, damit sich keine Haut bildet.
3. 125 g Butter schaumig rühren. Nach und nach den abgekühlten Flammeri, 2 TL Instant-Kaffeepulver und 1 TL Kakao einrühren.

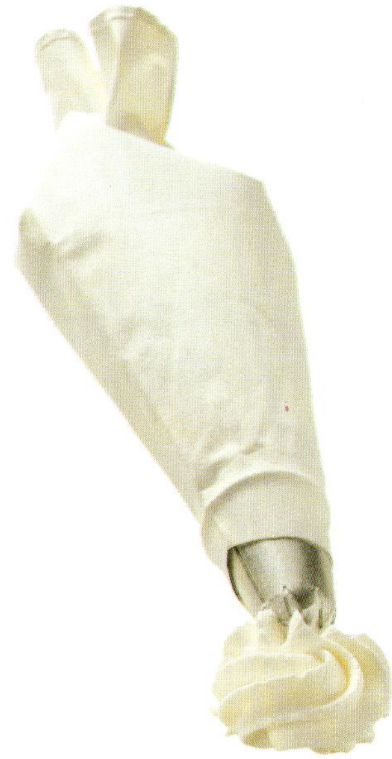

Flockenschnitten

WARENKUNDE

Himbeeren
Die köstlichen Himbeeren gehören zu den Rosengewächsen – daher die vielen Dornen. Den Gartenhimbeeren an Wohlgeschmack weit überlegen sind wilde Himbeeren. Und hier gilt die Regel: Je höher die Region, aus der sie kommen, desto wertvoller sind sie. Im Bayerischen Wald, der Tschechoslowakei und den Balkanländern werden Waldhimbeeren gewerblich gesammelt und meist an Ort und Stelle konserviert. Auf die Märkte gelangen in erster Linie Gärtnerhimbeeren. Ihre Verwendungsmöglichkeiten in Küche und Backstube sind fast unbegrenzt. Nur sollte man die empfindlichen Früchte schnell verarbeiten, sonst faulen sie. Wegen ihres hohen Wassergehaltes lassen sich Himbeeren sehr gut einfrieren.

ZUTATEN

Für den Brandteig:

70 g Butter
1/2 TL Salz
1 TL Zucker
200 ml Wasser
200 g Mehl
5 Eier

Für die Füllung:

300 g frische Himbeeren
50 g Puderzucker
1 EL Rum
1 l Sahne
80 g Zucker
1 EL Puderzucker zum Überstauben

KÜCHENGERÄTE

2 Backbleche
Topf
1 kleine und 1 große Schüssel
Kochlöffel
Messer, Gabel
Palette
Handquirl oder Schneebesen
Spritzbeutel
Sterntülle Nr. 10
1 kleines Sieb
Lineal, Schere

ZEIT

Vorbereitungszeit:
60 Minuten

Backzeit:
2 x 15 Minuten

WICHTIGER TIP

1. Zubereitung des Brandteiges siehe Grundrezept Seite 100/101.
2. Die Flockenschnitten sollten möglichst innerhalb von 2–3 Stunden nach Fertigstellung serviert werden, weil sonst die Brandmasse weich wird.

ZUBEREITUNG FLOCKENSCHNITTEN

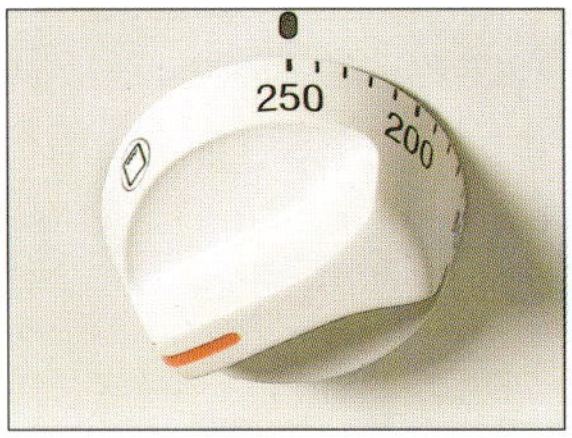

1. Backofen auf 250 Grad vorheizen.

2. Brandteig auf die gefetteten Bleche streichen.

3. Auf mittlerer Schiene 15 Minuten backen.

4. Eine Teigplatte in Streifen schneiden.

5. Zweite Platte mit dem Messer in kleine Stücke schneiden.

6. Himbeeren mit Puderzucker überstäuben.

7. Himbeeren zur Sahne geben und vermischen.

8. Einen Streifen mit Himbeersahne bestreichen.

9. Zweiten Streifen daraufsetzen und ebenfalls bestreichen.

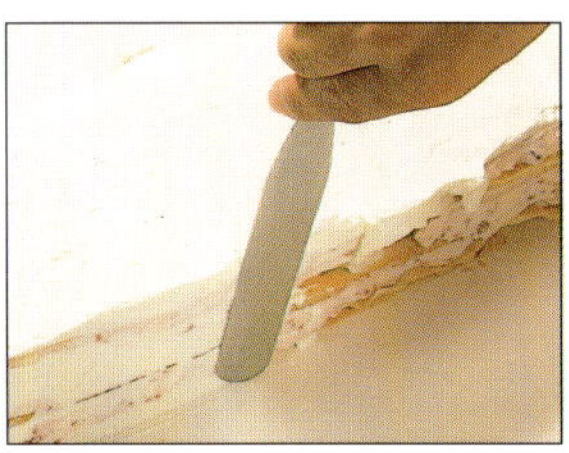

10. Oberfläche und Rand mit Sahne bestreichen.

11. Brandmasseflocken auf die Sahne streuen.

12. Mit Sahnetupfern und Himbeeren dekorieren.

REZEPT

1. Butter, Salz, Zucker und Wasser aufkochen. Das gesiebte Mehl auf einmal hineinschütten und so lange rühren, bis sich die Masse vom Topf löst, einen Kloß bildet und eine weiße Haut den Topfboden überzieht. Teigmasse abkühlen lassen.
2. Backofen auf 250 Grad vorheizen. 2 Backbleche leicht fetten und mit etwas Mehl überstauben.
3. Die Eier nach und nach unter den Teig rühren, bis eine weiche, leicht streichfähige Brandmasse entstanden ist.
4. Den Teig in 2 Hälften teilen und die 2 Backbleche dünn mit der Masse bestreichen. Im Backofen auf der mittleren Schiene nacheinander in 10–15 Minuten knusprig hellbraun backen.
5. Nach dem Backen die Brandteigmasse vorsichtig mit einem Messer lösen und abkühlen lassen.
6. Eine erkaltete Teigplatte in 3 Streifen à 10 cm Breite schneiden. Die zweite Platte mit einem Messer in kleine Flocken schneiden.
7. Die Himbeeren abzupfen (10 Himbeeren für die Garnitur beiseite legen), mit dem Puderzucker bestreuen und mit dem Rum beträufeln. Mit einer Gabel grob zerdrücken und etwas durchziehen lassen.
8. Die Sahne mit dem Zucker steif schlagen. 2/3 davon mit der Himbeermasse verrühren und damit die 3 Platten füllen.
9. Etwas Sahne für die Rosetten in einen Spritzbeutel mit Sterntülle Nr. 10 füllen. Mit der restlichen Sahne den Kuchen einstreichen und dicht mit den Brandmasseflocken bestreuen. Mit dem Spritzbeutel 10 Sahnerosetten aufspritzen und mit je 1 Himbeere garnieren. Die Oberfläche leicht mit Puderzucker überstauben.

Spritzkuchen

WARENKUNDE

Arrak

Ein kleiner Schuß Alkohol hat schon mancher Bratensauce und mancher Tortenfüllung das gewisse Etwas verliehen. Als hochprozentige Würzmittel eignen sich vor allem Rum, Cognac, Gin, Obstbrände und Weine unterschiedlicher Herkunft. Ein Klassiker in dieser Reihe ist auch der Arrak. Der hellgelbe Branntwein aus Reis und Zuckerrohrmelasse oder vergorenem Palmsaft wird in Asien erzeugt und hat einen Alkoholgehalt zwischen 38 und 45 Vol.%. Sein Aroma eignet sich vorzüglich zum Parfümieren von Desserts, Glasuren und trockenem Kuchen. Arrak kann auch als Ersatz für den Rum dienen.

ZUTATEN
für 20 Stück

1/2 l Milch
100 g Butter
1 Messerspitze Salz
1 TL Zucker
230 g Mehl
5–7 Eier
Butter oder Pflanzenfett zum Fetten des Papiers
Pflanzenfett zum Ausbacken
Puderzucker zum Überstauben oder Aprikotur und Arrakfondant

KÜCHENGERÄTE

1 Stielkasserolle
Topf mit Deckel
Mehlsieb
Holzspatel, Kochlöffel
1 große Schüssel
Küchentuch
Pergamentpapier
Backpinsel, Schaumlöffel
Kuchengitter
Spritztüte mit Sterntülle Nr. 10

ZEIT

Vorbereitungszeit:
30 Minuten

Backzeit
einige Minuten

WICHTIGE TIPS

1. Brandmasse für Spritzkuchen soll weich sein, aber beim Spritzen noch die Konturen behalten.
2. Je nach Größe der Eier und dem Grad des »Abbrennens« (Rühren auf dem Feuer) des Teiges variiert die nötige Eiermenge etwas und ist im voraus nicht genau festzulegen.
3. Bestes Fett ist Voraussetzung für gutes Gelingen. Am besten absolut reines, hoch erhitzbares Pflanzenfett verwenden. Butterschmalz ist eine brauchbare Alternative, darf jedoch nicht überhitzt werden.

ZUBEREITUNG SPRITZKUCHEN

1. Mehl zur Milch-Butter-Zucker-Mischung geben.

2. Den Teig zum Kloß »abbrennen«.

3. Mit einem Tuch abdecken und abkühlen lassen.

4. Ein Ei zugeben und gut verrühren.

5. Die anderen Eier nacheinander dazurühren.

6. Die Teigkonsistenz prüfen.

7. Teig mit der Spritztüte auf das Pergamentpapier spritzen.

8. Ins heiße Fett gleiten lassen.

9. Mit dem Schaumlöffel herausheben, wenn sie goldbraun sind.

10. Auf dem Kuchengitter abtropfen lassen.

11. Die Kringel mit Aprikotur bestreichen.

12. In Fondant tauchen.

REZEPT

1. Milch mit Butter, Salz und Zucker in eine Stielkasserolle geben und einmal aufkochen.
2. Mehl auf ein Papier sieben und auf einmal in die kochende Flüssigkeit schütten. Mit einem Holzspatel so lange kräftig rühren, bis sich die Masse zu einem Kloß formt und vollständig vom Topfrand löst.
3. Sofort in eine Schüssel umfüllen und etwas abkühlen lassen. Dazu mit einem feuchten Tuch abdecken, damit die Masse keine Haut zieht.
4. 1 Ei unter die erkaltete Masse rühren und erst, wenn es sich mit der Masse verbunden hat, das nächste zugeben. Dann die übrigen Eier nacheinander unterrühren.
5. Das Pergamentpapier leicht fetten. Die Brandmasse in Kringel daraufspritzen und sofort im Fett backen, damit sich keine Haut bildet. (Die Spritzkuchen könnten sonst nicht genügend aufgehen und bekämen Risse.)
6. Fett oder Keimöl in einem großen Topf erhitzen. Zuerst bei geschlossenem Topf backen, dann wenden und ohne Topfdeckel fertigbacken und dabei stabilisieren.
7. Die Spritzkuchen mit einem Schaumlöffel aus dem Fett heben, auf einem Kuchengitter abtropfen und abkühlen lassen.
8. Dünn mit Puderzucker überstauben. Besonders fein schmecken sie mit einem Überzug aus Arrakfondant. Dafür werden sie, solange sie noch warm sind, nur an der Oberseite zuerst ganz dünn mit Aprikotur bestrichen. Etwas abkühlen lassen und anschließend in Fondant tauchen, der mit Arrak abgeschmeckt wurde.

Rosinenkrapfen

1. 100 g Rosinen unter den Teig mischen.
2. Von dem Teig mit zwei Teelöffeln Klößchen abstechen und in heißem Öl goldgelb ausbacken.
3. Die Rosinenkrapfen abtropfen lassen und mit Puderzucker bestäuben.

Churros

1. Den Teig in einen Spritzbeutel mit mittelgroßer Sterntülle füllen.
2. Etwa 15 cm lange Streifen ins heiße Keimöl spritzen und ausbacken. In Zimtzucker wenden. Ein in Spanien beliebtes Spritzgebäck.

Hefezopf

(Grundrezept Hefeteig)

WARENKUNDE

Hefe

Mit Hefe richtig umgehen zu können, gilt immer noch als die »hohe Schule« des Bäckerhandwerks. In der Tat ist die Verarbeitung von Hefe eine heikle Angelegenheit, handelt es sich bei den blättrigen, hellgrauen Würfelchen doch um Hunderttausende von lebendigen Pilzzellen, die richtig behandelt sein wollen.
Hefe braucht zum Leben, was auch wir Menschen brauchen: Luft, Wasser, Wärme und Nahrung, etwa in Form von Zucker. Dies alles finden die Pilzzellen in einem Teig vor. Wenn das richtige Milieu herrscht, teilen sie sich rasch und verwandeln dabei den Zucker in Alkohol und Kohlendioxid. Der Teig wird bei diesem Gärvorgang mit vielen kleinen Gasbläschen durchsetzt und vergrößert sein Volumen, er »geht auf«.
Damit er nicht »erstickt«, muß ihm durch kräftiges Schlagen und Kneten immer neue Luft zugeführt werden. So wird das Gebäck später auch luftig und locker.

ZUTATEN

500 g Mehl
30 g Hefe
1/4 l lauwarme Milch
60 g flüssige Butter
60 g Zucker
2 Eier
1 TL Salz
1 Eigelb zum Bestreichen
1 EL Wasser zum Bestreichen
50 g gestiftelte Mandeln
20 g Zucker
1 EL Wasser

KÜCHENGERÄTE

Backblech
Mehlsieb
1 große Schüssel
Küchentuch
1 kleine Kasserolle
Tasse, Gabel
Holzspatel
Backpinsel

ZEIT

Vorbereitungszeit:
60 Minuten

Backzeit:
30–35 Minuten

Ruhezeit:
1 Stunde 25 Minuten

WICHTIGE TIPS

1. Für das Gelingen des Hefeteigs ist es wichtig, daß alle Zutaten zimmerwarm sind, darum Milch, Eier und Butter rechtzeitig aus dem Kühlschrank nehmen!
2. Damit der Teig schön aufgeht, muß er an einen warmen Ort gestellt und vor Zugluft geschützt werden. Dafür decken Sie die Schüssel am besten mit einem frischen Küchentuch ab.
3. Roher Hefeteig ist tiefgefroren ca. 3 Monate haltbar. Den Teig dafür ungegangen einfrieren. Bei Zimmertemperatur 3–4 Stunden auftauen lassen und wie frischen Teig weiterverarbeiten.

ZUBEREITUNG HEFEZOPF

1. Hefe in die Mehlmulde bröckeln.

2. Lauwarme Milch zugießen.

3. Vorteig mit Mehl bestäuben und gehen lassen.

4. Gehen lassen, bis Risse im Vorteig sichtbar sind.

5. Butter-Zucker-Eier-Mischung zugeben.

6. Teig mit den Händen kräftig schlagen.

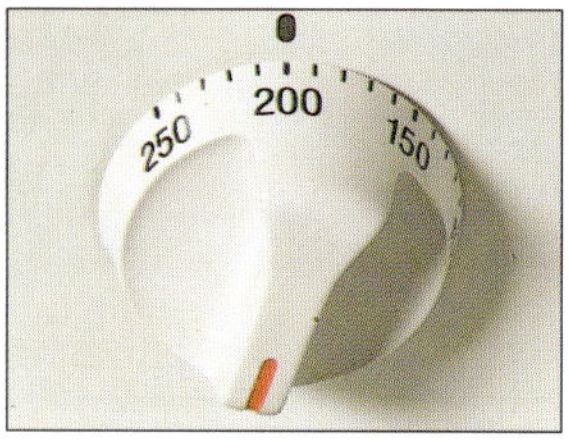

7. Backofen auf 200 Grad vorheizen.

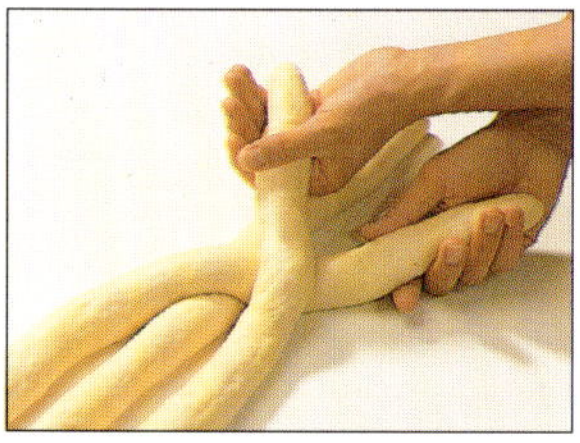

8. Teig zu 3 Rollen formen und einen Zopf flechten.

9. Zopf drehen und die zweite Seite fertig flechten.

10. Zopf mit Eigelb bestreichen.

11. Mit Mandelsplittern bestreuen.

12. Auf mittlerer Schiene 30 Minuten backen.

REZEPT

1. Das Mehl in eine Schüssel sieben, in die Mitte eine Mulde drücken und die Hefe hineinbröckeln. Die lauwarme Milch zugießen, verrühren, dabei die Hefe in der Milch auflösen und zugleich mit etwas Mehl vermischen. Eine dünne Schicht Mehl über diesen Vorteig sieben. Zugedeckt an einem warmen Ort etwa 15 Minuten gehen lassen. Der Vorteig muß deutliche Risse zeigen.
2. Butter, Zucker und Eier gut miteinander verrühren. Zum Vorteig geben, mit einem Holzspatel verrühren und etwas schlagen, so daß sich die Zutaten gut miteinander vermischen und der Teig schon ein bißchen locker wird.
3. Danach mit der Hand den Hefeteig schön glatt und trocken schlagen. Den Teig zu einer Kugel formen, wieder in die Schüssel geben und mit etwas Mehl überstäuben. Mit einem Tuch zudecken und je nach Raumtemperatur 15–30 Minuten gehen lassen. Der Teig sollte mindestens das Doppelte an Volumen haben. Besonders feinporig wird er, wenn man ihn nochmals kurz durchknetet und anschließend ein zweites Mal in der Schüssel zugedeckt etwa 15–30 Minuten gehen läßt.
4. Den Backofen auf 200 Grad vorheizen. Das Backblech fetten.
5. Den Teig auf bemehlter Arbeitsfläche in drei Teile teilen und zu Rollen formen, die etwas spitz zulaufen. Mit dem Flechten des Zopfes am besten in der Mitte beginnen, dann drehen und von der anderen Seite fertig flechten.
6. Den Zopf auf das Backblech legen. Das Eigelb mit dem Wasser verquirlen und den Zopf damit bestreichen. Die Mandeln mit Zucker und Wasser vermischen und auf die Mitte des Zopfes geben. Den Zopf nochmals 10 Minuten gehen lassen. Auf der mittleren Schiene 30–35 Minuten backen.

Aprikosen-Streuselkuchen

WARENKUNDE

Aprikosen
Früher hielt man Aprikosen für frühreife Pfirsiche. Dieser Verwechslung haben sie ihren Namen zu verdanken: lateinisch: *prae-cox* zu deutsch: frühreif. Aprikosen sind typische Früchte des warmen Klimas. Sie stammen aus Asien und kamen erst zur Zeit Alexanders des Großen nach Europa. Da ihre Blütezeit noch vor der Kirschblüte liegt, sind sie in Deutschland extrem frostgefährdet. Bei uns gedeihen sie nur in sehr milden Gegenden und auch dort nur an besonders geschützten Stellen. In großem Umfang werden Aprikosen dagegen in den Mittelmeerländern angebaut sowie in Israel, Australien, Südafrika, Nord- und Südamerika. Jeder Bäcker schätzt Aprikosen als vorzüglichen Kuchenbelag, daneben eignen sie sich auch hervorragend zur Herstellung von Marmeladen, Konfitüren und Likören. Aus dem Inneren ihrer Steine kann man einen Ersatzstoff für Marzipan herstellen, das Persipan.

ZUTATEN

Für den Teig:

250 g Mehl
20 g Hefe
1/8 l lauwarme Milch
30 g flüssige Butter
30 g Zucker
1 Ei
1/4 TL Salz

Für den Belag:

1 große Dose Aprikosen (Füllmenge 825 g, Abtropfgewicht 420 g)
600 g Quark
3 Eier
150 g Zucker
abgeriebene Schale einer unbehandelten Zitrone
4 EL Speisestärke (z. B. Mondamin)

Für die Streusel:

175 g Mehl
100 g flüssige Butter
100 g Zucker
1/2 TL Zimt
Puderzucker zum Überstäuben

KÜCHENGERÄTE

Pieform,
35 cm Durchmesser
Mehlsieb
1 große Schüssel
Küchentuch
Küchenmaschine oder Handmixer
Teigkärtchen
Teigrädchen
1 kleine Kasserolle
1 kleines Sieb

ZEIT

Vorbereitungszeit:
45 Minuten

Backzeit:
35–40 Minuten

Ruhezeit:
50 Minuten

WICHTIGE TIPS

1. Zubereitung des Hefeteigs siehe Grundrezept Seite 112/113.
2. Streusel lassen sich besonders gut zerkrümeln, wenn sie zuvor 30 Minuten im Kühlschrank waren.

ZUBEREITUNG APRIKOSEN-STREUSELKUCHEN

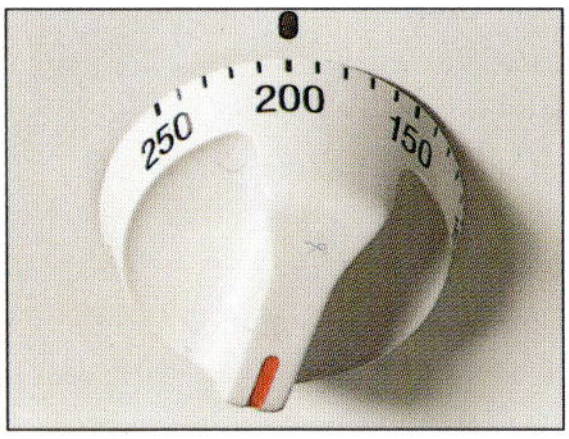

1. Backofen auf 200 Grad vorheizen.

2. Ausgerollten Teig in die gefettete Form legen.

3. Den Teigrand andrücken.

4. Teigrand mit einem Teigrädchen abschneiden.

5. Eier zum Quark geben.

6. Quarkmasse mit dem Rührgerät verrühren.

7. Quarkmasse auf dem Teigboden glattstreichen.

8. Abgetropfte Aprikosen auf die Quarkmasse geben.

9. Zerlassene Butter zur Mehl-Zucker-Zimt-Mischung geben.

10. Die Streusel auf den Aprikosen verteilen.

11. Auf mittlerer Schiene 35 Minuten backen.

12. Fertigen Kuchen mit Puderzucker überstäuben.

REZEPT

1. Das Mehl in eine Schüssel sieben, in die Mitte eine Vertiefung drücken und die zerbröckelte Hefe darin mit der lauwarmen Milch auflösen. Diesen »Ansatz« mit Mehl dicht überstreuen und zugedeckt etwa 15 Minuten gehen lassen.
2. Die flüssige Butter mit Zucker, Ei und Salz verrühren. Wenn der Ansatz auf der Oberfläche deutliche Risse zeigt, diese Mischung hineingeben und alles zu einem glatten, nicht zu festen Hefeteig schlagen, bis er Blasen wirft und sich vom Schüsselrand löst. Zugedeckt an einem warmen Ort nochmals 15–20 Minuten gehen lassen, bis er etwa das Doppelte an Volumen erreicht hat.
3. Die Aprikosen gut abtropfen lassen.
4. Die Pie-Form fetten und mit dem Teig auslegen, dabei einen Rand formen.
5. Quark mit Eiern, Zucker, abgeriebener Zitronenschale und Speisestärke verrühren. Die Masse auf den Teigboden streichen. Die Aprikosenhälften mit der Wölbung nach unten auf die Quarkmasse legen.
6. Backofen auf 200 Grad vorheizen.
7. Für die Streusel das Mehl in eine Schüssel sieben, flüssige Butter, Zucker und Zimt zugeben und mit Gabeln oder Händen zu Streuseln verarbeiten. Auf den Aprikosenkuchen geben und den Kuchen nochmals 10–15 Minuten gehen lassen.
8. Auf der mittleren Schiene 35–40 Minuten backen. Nach dem Erkalten mit Puderzucker besieben.

VARIATIONEN

1. Statt der Aprikosen kann man auch Äpfel oder Zwetschgen verwenden.
2. Die Streusel mit geriebenen Mandeln mischen.
3. Zusätzlich noch 1 EL Kakao unter die Streusel kneten: Auf diese Weise erhalten Sie Schokoladenstreusel.

Böhmische Kolatschen

WARENKUNDE

Mohn

Schlafmohn genießt keinen besonders guten Ruf, weil diese Pflanze meist mit Rauschgift in Verbindung gebracht wird. Aber keine Angst: Die beim Kochen und Backen verwendeten Mohnsamen haben keinerlei berauschende Wirkung, es sei denn, man gerät beim Genuß von *Böhmischen Kolatschen* in rauschartige Verzückung ... Beim Mohn handelt es sich um eine einjährige Laubpflanze mit eigroßen Fruchtkapseln, die ca. 3000 blaugraue, winzige Samenkörner enthalten. Ungemahlen werden sie auf Hefegebäck gestreut. Um sie als Kuchenfüllung zu verwenden, müssen die Körner in einer speziellen Mühle gequetscht werden, wobei ihr Aroma besonders deutlich hervortritt. Mohn ist eine typische Backzutat des europäischen Ostens, vor allem der böhmisch-österreichischen Küche.

ZUTATEN

für 10-12 Stücke

Für den Teig:

500 g Mehl
35 g Hefe
1/4 l lauwarme Milch
80 g flüssige Butter
70 g Zucker
1/2 TL Salz
abgeriebene Schale einer unbehandelten Zitrone
1 Ei

Für den Belag:

500 g Quark (Schichtkäse)
60 g Butter
180 g Zucker
2 Eigelb
30 g Speisestärke (z. B. Mondamin)
2 cl Rum
2 Eiweiß
250 g gemahlener Mohn
100 g Zucker
2 EL Semmelbrösel
1/4 l Milch
200 g Pflaumenmus
1 Eigelb zum Bestreichen
200 g Aprikotur
50 g gehobelte, geröstete Mandeln

KÜCHENGERÄTE

Backblech
1 große Schüssel
Küchentuch
Tasse
Küchenmaschine oder Handmixer
Kochlöffel, Schneebesen
1 Kasserolle
Backpinsel

ZEIT

Vorbereitungszeit:
1 Stunde 10 Minuten

Backzeit:
20–25 Minuten

Ruhezeit:
40 Minuten

WICHTIGER TIP

Zubereitung des Hefeteigs siehe Grundrezept Seite 112/113.

ZUBEREITUNG BÖHMISCHE KOLATSCHEN

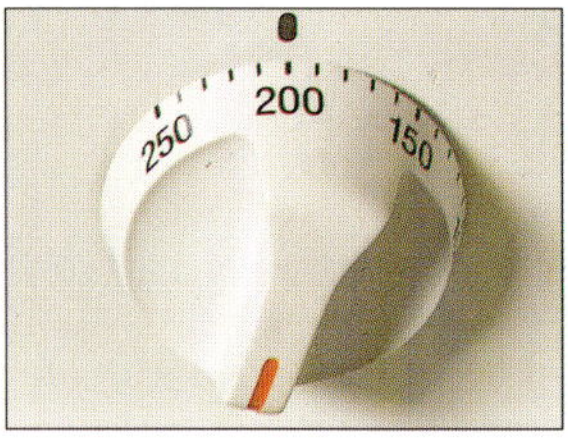

1. Backofen auf 200 Grad vorheizen.

2. 10–12 Teigstücke von der Teigrolle abschneiden.

3. Teigstücke zu Kugeln formen.

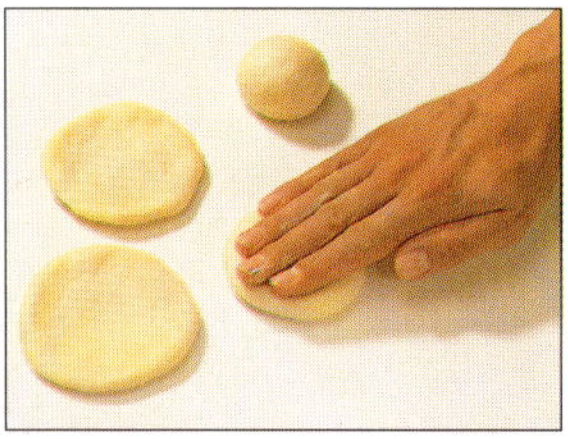

4. Teigkugeln mit der Hand flachdrücken.

5. Mit dem Daumen am Rand einen Wulst drücken.

6. Rand mit Eigelb bestreichen, Teigmitte mehrere Male einstechen.

7. Rum zum Quark geben und vermischen.

8. Steifgeschlagenes Eiweiß unter die Quarkmasse ziehen.

9. Mohn-Zucker-Brösel-Mischung mit heißer Milch begießen.

10. Quark- und Mohnfüllungen dekorativ auf dem Teig verteilen.

11. Auf mittlerer Schiene 25 Minuten backen.

12. Aprikotieren und mit gehobelten Mandeln bestreuen.

REZEPT

1. Das Mehl in eine Schüssel sieben, in die Mitte eine Vertiefung drücken. Hefe hineinbröckeln und mit der lauwarmen Milch auflösen. Diesen »Ansatz« 15 Minuten zugedeckt gehen lassen.
2. Butter mit Zucker, Gewürz und Ei verrühren. Zu dem Vorteig geben und zu einem lockeren, gut formbaren Hefeteig schlagen. Zugedeckt nochmals 20–25 Minuten gehen lassen.
3. Dann in 50-g-Stücke teilen. Rund schleifen und mit der Hand von innen nach außen flachdrücken, so daß ein Rand mit einem Wulst stehen bleibt und die Kolatschen 10–12 cm Durchmesser haben. Mit einer Gabel mehrmals einstechen, damit sie beim Backen keine Blasen werfen.
4. Backblech leicht fetten. Die Kolatschen darauflegen und die Ränder mit verquirltem Eigelb bestreichen.
5. Quark mit der weichen Butter und der Hälfte des Zuckers glattrühren. Eigelb, Speisestärke und Rum darunterrühren.
6. Eiweiß zu Schnee schlagen, dabei den restlichen Zucker einrieseln lassen. Den schnittfesten Eischnee unter die Quarkmasse ziehen.
7. Backofen auf 200 Grad vorheizen.
8. Mohn mit Zucker und Semmelbröseln mischen und mit der kochenden Milch übergießen. Durchrühren und nochmals aufkochen lassen.
9. Abwechselnd beide Füllungen mit einem Teelöffel in Form kleiner Häufchen auf den Kolatschen verteilen. In die Mitte jeweils 1 EL Pflaumenmus geben.
10. Noch etwas gehen lassen und dann auf der mittleren Schiene etwa 20–25 Minuten backen. Sie schmecken frisch ganz besonders gut. Sollen sie einige Stunden frisch bleiben, kann man sie dünn mit Aprikotur bestreichen und mit gehobelten Mandeln bestreuen.

Böhmischer Kleckerkuchen

Das Backblech mit dem Hefeteig auslegen und Quarkfüllung, Mohn und Pflaumenmus in Form von Häufchen darauf verteilen. Nach dem Backen in Rechtecke schneiden.

Mandelstange

WARENKUNDE

Marzipan
Arabische Zuckerbäcker waren es, die schon seit dem 10. Jahrhundert aus Mandeln und Zucker das »Naschwerk« herstellten, das sich noch heute größter Beliebtheit erfreut. In Deutschland war das Marzipan zunächst Domäne der Apotheker und wurde als Heil- und Schlafmittel verordnet. Die Herstellung von Marzipan ist einfach: Mandeln werden gebrüht, enthäutet und zerstoßen, sodann mit Puderzucker verknetet und mit Rosenwasser aromatisiert. Die Masse muß völlig glatt und geschmeidig sein, bevor man sie für zwölf Stunden ruhen läßt. Danach kann man sie nach Lust und Laune formen und verzieren. Heute wird Marzipan in der Regel industriell hergestellt und als »Marzipanrohmasse« von den Konditoren weiterverarbeitet. Am bekanntesten sind das Lübecker Marzipan (mit Kuvertüre überzogene Laibe) und das Königsberger Marzipan (zu Figuren geformt und im Ofen überbacken).

ZUTATEN

Für den Hefeteig:
400 g Mehl
25 g Hefe
1/8 l lauwarme Milch
1/4 TL Salz
abgeriebene Schale einer unbehandelten Zitrone
60 g flüssige Butter
40 g Zucker
2 Eier

Für die Füllung:
100 g Marzipanrohmasse
2 Eiweiß
30 g Zucker
1/2 TL Zimt
150 g geriebene Mandeln
1 Eigelb zum Bestreichen
100 g Aprikotur

KÜCHENGERÄTE

Backblech
Mehlsieb
1 große Schüssel
Zitrusreibe
Küchentuch
Holzspatel
Nudelholz
Palette
Backpinsel

ZEIT

Vorbereitungszeit:
60 Minuten

Backzeit:
40 Minuten

Ruhezeit:
ca. 1 Stunde 45 Minuten

WICHTIGE TIPS

1. Zubereitung des Hefeteigs siehe Grundrezept Seite 112/113.
2. Hefe ist ein biologisches Triebmittel, das möglichst frisch verwendet werden sollte. Doppelt in Alufolie eingeschlagen hält sich Hefe im Butterfach des Kühlschranks einige Tage.
3. Anstelle von Frischhefe können Sie auch Trockenhefe verwenden. 1 Beutel entspricht 25 g Frischhefe.

ZUBEREITUNG MANDELSTANGE

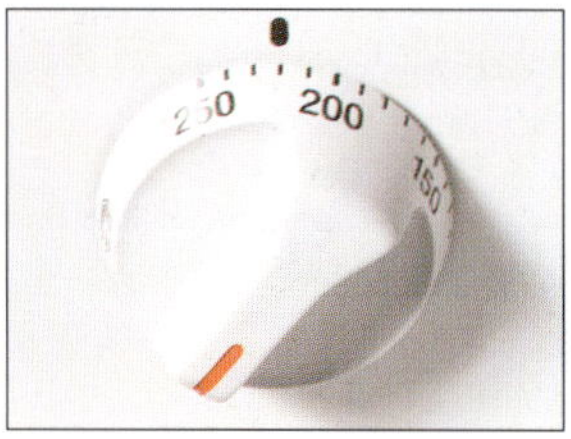

1. Backofen auf 220 Grad vorheizen.

2. Marzipanwürfel mit Eiweiß, Zucker und Zimt vermengen.

3. Gemahlene Mandeln dazugeben.

4. Hefeteig zur Platte ausrollen.

5. Mandelmasse mit einer Palette aufstreichen.

6. Rand mit Eigelb bestreichen.

7. Belegten Hefeteig zusammenrollen.

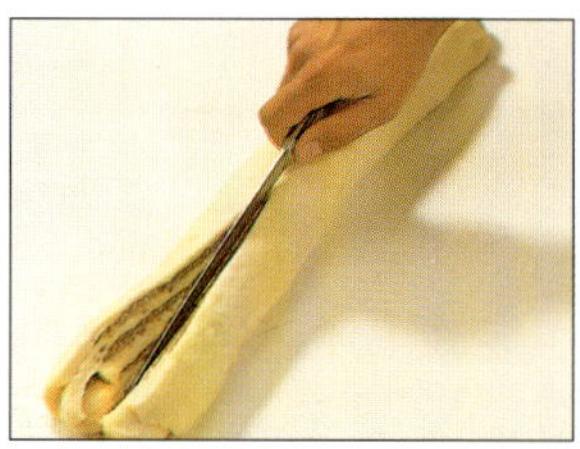

8. Teigrolle mit dem Messer halbieren.

9. Aus den beiden Strängen einen Zopf flechten.

10. Zopf mit Eigelb bestreichen.

11. Auf mittlerer Schiene 10 Minuten bei 220 Grad, dann 30 Minuten bei 190 Grad backen.

12. Mit Aprikotur bestreichen.

REZEPT

1. Den Hefeteig wie im Grundrezept beschrieben zubereiten. (Salz und Zitronenschale zusammen mit dem Mehl zugeben.)
2. Den Backofen auf 220 Grad vorheizen. Das Backblech fetten.
3. Die Marzipanrohmasse mit Eiweiß, Zucker und Zimt zu einer glatten Masse anrühren und die geriebenen Mandeln daruntermengen.
4. Den gut aufgegangenen Hefeteig zu einer Platte von 35 x 40 cm Größe ausrollen. Die Füllung darauf verteilen und gleichmäßig verstreichen, dabei die Ränder frei lassen und mit verrührtem Eigelb bestreichen, damit die Rolle gut zusammenhält. Von der Längsseite her aufrollen.
5. Die Rolle mit dem Teigende nach unten auf die Arbeitsfläche legen. Mit einem scharfen Messer von oben nach unten auseinanderschneiden. Dabei darauf achten, daß man exakt die Mitte trifft, weil der Zopf sonst später ungleichmäßig aufgeht. Die beiden Hälften zu einem Zopf flechten, wie im Rezept Seite 112/113 beschrieben.
6. Auf das leicht gefettete Backblech legen und zugedeckt gehen lassen, bis sich das Volumen fast verdoppelt hat.
7. Mit dem restlichen Eigelb bestreichen und 10 Minuten bei 220 Grad backen, dann die Hitze auf 190 Grad reduzieren und weitere 30 Minuten fertigbacken. Noch heiß aprikotieren.

VARIATION

Statt Mandeln kann man auch Nüsse verwenden oder gemahlene Pistazien. Dann bekommt die Stange eine grüne Note.

Windrädchen

WARENKUNDE

Farinzucker

Der blütenweiße Streuzucker, die Raffinade, ist nichts anderes als gebleichter brauner Rohzucker. Dabei kann man mit Farinzucker – so heißt der ungebleichte Rohzucker – genauso gut süßen wie mit Raffinade. Farinzucker ist aber nicht nur ökologisch unbedenklich, sondern im Geschmack auch etwas würziger als Raffinade. Deshalb unterstützt er das kräftige Aroma von Honigkuchen und verschiedenem Weihnachtsgebäck.

ZUTATEN

für 9 Windrädchen

Für den Hefeteig:

250 g Mehl
15 g Hefe
1/8 l lauwarme Milch
1 Prise Salz
30 g flüssige Butter
30 g Zucker
1 Ei

Für den Belag:

9 Aprikosen (aus der Dose)
1 Eigelb
1 EL Wasser
2 EL Aprikotur
Fondant

Für 9 Nußkämme

Für die Füllung:

150 g gemahlene Haselnüsse
40 g Farinzucker
1 TL Rum
1 Eiweiß
1 Eigelb
1 EL Wasser

Für 10 Hefeteigschnecken

Für die Füllung:

50 g flüssige Butter
100 g Rosinen
50 g Zucker
1 TL Zimt
1 Eigelb
1 EL Wasser
2 EL heiße Aprikotur

KÜCHENGERÄTE

Backblech
1 große und 1 kleine Schüssel
Mehlsieb
Küchentuch
Holzspatel
Nudelholz
kleines rundes Ausstechförmchen
Messer, Gabel
Backpinsel
Teigrädchen
Lineal
Nur für Nußkämme:
Spritztüte mit Lochtülle Nr. 9

ZEIT

Vorbereitungszeit:
35 Minuten

Backzeit:
10–15 Minuten

Ruhezeit:
40 Minuten

WICHTIGER TIP

Zubereitung des Hefeteigs siehe Grundrezept Seite 112/113.

ZUBEREITUNG WINDRÄDCHEN

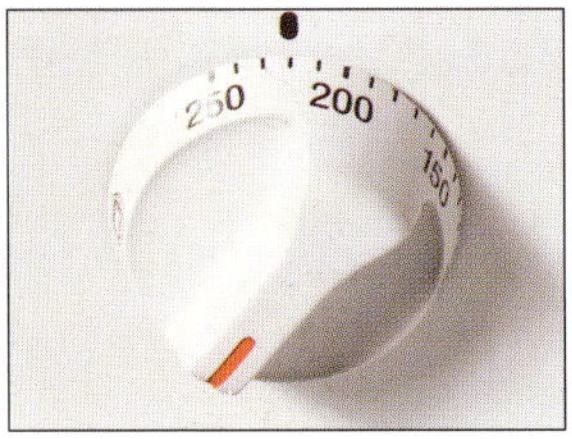

1. Backofen auf 220 Grad vorheizen.

2. Aus der Teigplatte 9 Quadrate schneiden.

3. Auf jedes Teigquadrat eine Aprikose legen.

4. Teig mit Eigelb bestreichen.

5. Mit dem Teigrädchen einschneiden.

6. Ecken übereinanderlegen und oben zusammendrücken.

7. Aus dem restlichen Teig die Deckel ausstechen.

8. Deckel aufsetzen und andrücken.

9. Mit Eigelb bestreichen.

10. Auf mittlerer Schiene 15 Minuten backen.

11. Mit Aprikotur bestreichen.

12. Mit Fondant bestreichen.

ZUBEREITUNG NUSSKÄMME und HEFETEIGSCHNECKEN

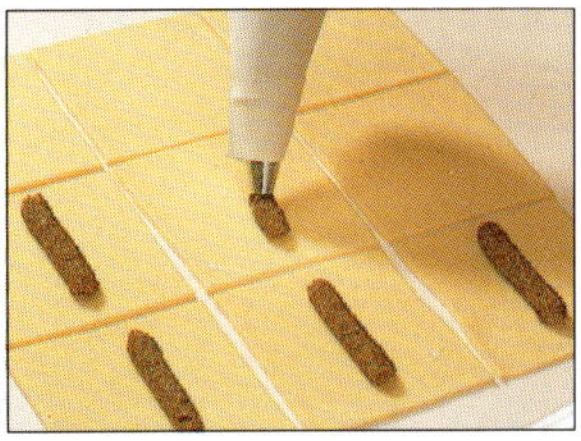

13. Nußfülle aufspritzen.

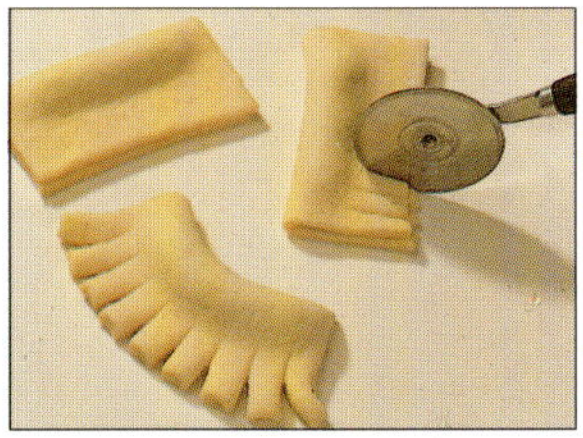

14. Quadrate zusammenklappen, Ränder einschneiden.

15. Zimt und Rosinen aufstreuen.

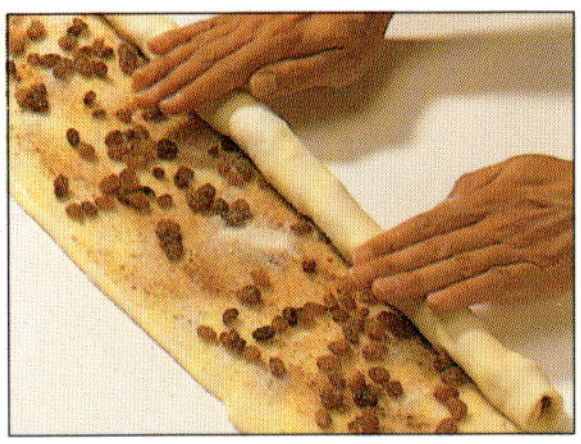

16. Teig aufrollen.

17. Teigrolle in Stücke schneiden.

18. Fertige Schnecken und Nußkämme.

REZEPT

1. Den Hefeteig, wie im Grundrezept (Seite 112/113) beschrieben, zubereiten.
2. Den Teig zu einer Platte von 36 x 36 cm ausrollen. 9 Quadrate von 11 x 11 cm schneiden und je eine gut abgetropfte Aprikose in die Mitte legen.
3. Das Eigelb mit dem Wasser verquirlen und den Teig damit bestreichen. Mit dem Teigrädchen von den Ecken zur Mitte einschneiden und zu Windrädchen falten.
4. Aus dem restlichen Teig runde Deckel von 4–5 cm Durchmesser ausstechen. Die Windrädchen mit Eigelb bestreichen, die Deckel in die Mitte setzen und ebenfalls bestreichen. Auf ein Backblech legen und 10 Minuten gehen lassen.
5. Backofen auf 200 Grad vorheizen.
6. Auf mittlerer Schiene 10–15 Minuten goldbraun backen. Mit heißer Aprikotur und Fondant bestreichen.

Nußkämme

1. Den Teig zu einer Platte von 33 x 33 cm ausrollen und in 9 Quadrate von 11 x 11 cm schneiden.
2. Nüsse mit Farinzucker, Rum und Eiweiß vermischen und in einen Spritzbeutel mit Tülle Nr. 9 füllen. Auf jedes Teigquadrat einen Streifen spritzen.
3. Das Eigelb mit Wasser verquirlen und die Ränder damit bestreichen. Den Teig zur Hälfte zusammenklappen und mit dem Teigrädchen mehrmals einschneiden.
4. Auf ein gefettetes Blech legen und etwas auseinanderziehen. Mit Eigelb bestreichen und 10 Minuten gehen lassen.
5. Backen und Garnieren wie die Windrädchen.

Hefeteigschnecken

1. Hefeteig zu einer Platte von 40 x 30 cm ausrollen.
2. Mit der flüssigen Butter bestreichen, Rosinen, Zucker und Zimt daraufstreuen und von der Längsseite her aufrollen.
3. In ca. 4 cm breite Stücke schneiden. Auf das Blech legen und mit der Hand etwas flachdrücken. Das Eigelb mit Wasser verquirlen und die Stücke damit bestreichen. 10 Minuten gehen lassen.
4. Backen und Garnieren wie die Windrädchen.

Vollwert-Zwetschgendatschi

WARENKUNDE

Zwetschgen
Zwetschge und Pflaume sind eng miteinander verwandt – sollten aber nicht verwechselt werden. Die Zwetschge ist länglicher als die Pflaume und hat relativ spitze Enden. Ihre Farbe ist mehr blau als violett, außerdem fehlt ihr die Fruchtnaht. Auch im Geschmack unterscheidet sich die Zwetschge von ihrer Verwandten. Sie schmeckt aromatischer und kräftiger als die Pflaume und eignet sich daher besonders gut zum Backen.
Der Name der Zwetschge ist durch eine Lautverschiebung entstanden, denn als »Damaszener Pflaume« wurde sie einst von den Kreuzfahrern aus Syrien nach Europa gebracht. Als bekannteste deutsche Sorte gilt die »Bühler Frühzwetschge« und die später reifende »Blaue Königin von Bühl«. Bühl in Mittelbaden ist Zentrum des größten geschlossenen Zwetschgen-Anbaugebiets in Deutschland. Importe kommen vor allem aus Ungarn und Jugoslawien.

ZUTATEN

20 g Hefe
1 EL Zucker
0,2 l lauwarme Milch
400 g Weizenvollkornmehl
1 Prise Salz
1 Ei
100 g Zucker
75 g zerlassene Butter
1250 g Zwetschgen
50 g gehackte Mandeln
1/2 TL Zimtpulver

KÜCHENGERÄTE

Backblech
1 kleine Kasserolle
Kochlöffel
Mehlsieb
1 große Schüssel
Küchentuch

ZEIT

Vorbereitungszeit:
45 Minuten

Backzeit:
30 Minuten

Ruhezeit:
45 Minuten

WICHTIGE TIPS

1. Ein idealer Ort zum Aufgehen des Hefeteigs ist der Backofen. Auf 50 Grad vorheizen, ausschalten und den Teig darin gehen lassen.
2. Auf den Hefeteigboden eine Mischung aus Semmelbröseln und Nüssen streuen. Dadurch kann man verhindern, daß der Teig bei sehr saftigen Zwetschgen durchweicht.

ZUBEREITUNG VOLLWERT-ZWETSCHGENDATSCHI

1. Milch zu Hefe und Zucker gießen.

2. Hefemilch mit Mehl, Salz, Ei, Zucker und Butter mischen.

3. Zu einem Teig kneten.

4. Teig abdecken und 30 Minuten ruhen lassen.

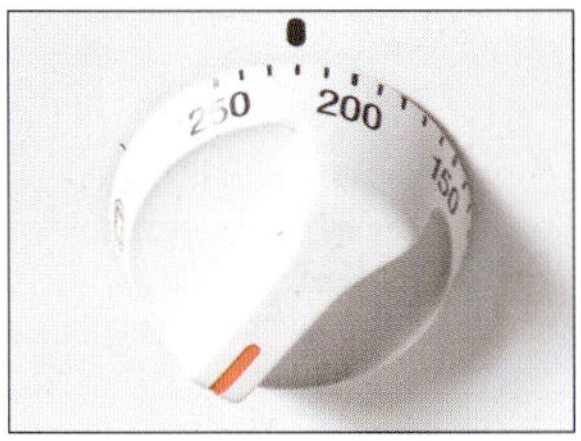

5. Backofen auf 220 Grad vorheizen.

6. Zwetschgen mit einem Tuch abreiben.

7. Zwetschgen aufschneiden und entsteinen.

8. Zwetschgen in Viertel einschneiden.

9. Den Teig dicht mit den Zwetschgen belegen.

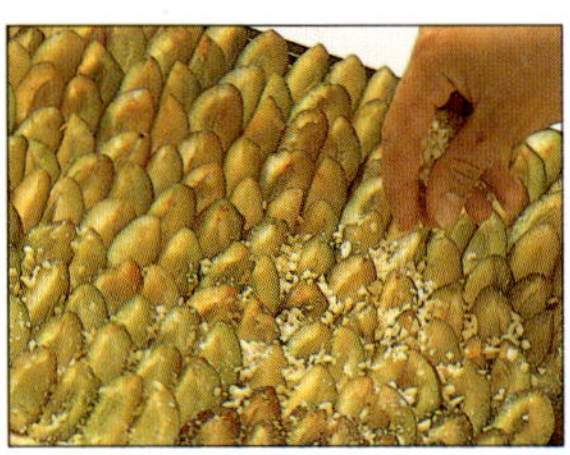

10. Zwetschgendatschi mit Mandeln bestreuen.

11. Auf mittlerer Schiene 30 Minuten backen.

12. Zwetschgendatschi mit Zimt und Zucker bestreuen.

REZEPT

1. Die Hefe und den Zucker in der Milch auflösen und 15 Minuten zugedeckt stehen lassen.
2. Die Hälfte des Mehls, Salz, Ei und 75 g Zucker mit der Hefemilch und der zerlassenen Butter mischen. Das restliche Mehl nach und nach unterkneten. Der Teig sollte sich vom Schüsselrand lösen. Ist er noch etwas klebrig, fügt man ein wenig Mehl hinzu. Den Hefeteig zugedeckt 30 Minuten gehen lassen.
3. Die Zwetschgen mit einem Tuch abreiben, aufschneiden, entsteinen und noch zweimal einschneiden.
4. Backofen auf 220 Grad vorheizen.
5. Den Teig kräftig durchkneten. Ein Backblech mit Butter bestreichen und den Teig darauf ausrollen. Die Zwetschgen schuppenartig auf den Teig legen. Die Mandeln darüberstreuen. Auf der mittleren Schiene 30 Minuten backen.
6. Den restlichen Zucker mit dem Zimt mischen und den Kuchen gleichmäßig damit bestreuen. Mit gezuckerter Schlagsahne servieren.

VARIATIONEN

1. 400 g Marzipanrohmasse mit 2 Eigelben und 200 g Puderzucker verkneten. Auf einer mit Puderzucker bestäubten Unterlage ausrollen. Mit einem Teigrädchen schmale Streifen ausschneiden. Diese etwas antrocknen lassen.
2. Den fertiggebackenen Kuchen mit den Streifen gitterförmig belegen und unter dem vorgeheizten Grill oder bei 250 Grad im Ofen kurz überbacken. Das Gitter soll goldbraun werden.
3. Nach dem Backen das Gitter mit 40 g glattgerührter Aprikosenmarmelade bestreichen.

Savarins

WARENKUNDE

Stachelbeeren

Die Stachelbeere kann mit einem Superlativ aufwarten: Gleich nach den Weintrauben besitzt sie im reifen Zustand den höchsten Zuckergehalt aller einheimischen Beeren. Die gleichermaßen köstlichen wie gesunden Früchte stammen aus dem Westhimalaja und aus Südeuropa, werden heute jedoch in den meisten gemäßigten Regionen kultiviert. Sie eignen sich aufgrund ihres hohen Pektingehaltes besonders gut zum Einmachen.

ZUTATEN

350 g Mehl
15 g frische Hefe
10 cl lauwarme Milch
150 g Butter
40 g Zucker
1/2 TL Salz
1/2 TL abgeriebene Schale einer unbehandelten Zitrone
4 Eier

Für Sirup und Glasur:

1/2 l Wasser
300 g Zucker
10 cl brauner Rum (45%)
120 g Aprikotur

Für die erste Fülle:

1/8 l Weißwein
100 g Zucker
Saft von 1 Orange
350 g geputzte Stachelbeeren
1/4 l Sahne
1 EL Zucker

Für die zweite Fülle (Foto Seite 137):

1/8 l Weißwein
100 g Zucker
Saft von 1 Orange
350 g abgezupfte Johannisbeeren

Für den Weißweinsabayon:

3 Eigelb
100 g Zucker
1/8 l trockener Weißwein
1/2 Vanilleschote, ausgekratzt

KÜCHENGERÄTE

30 Savarin-Förmchen, 9 cm Durchmesser
2 große Schüsseln
Mehlsieb
Eßlöffel
Küchentuch
1 Kasserolle
Kuchengitter
Schöpfkelle, Kochlöffel
Backpinsel
Schneebesen oder Handmixer
Spritzbeutel mit Lochtülle Nr. 10

ZEIT

Vorbereitungszeit:
45 Minuten

Backzeit:
15 Minuten

Ruhezeit:
45 Minuten

WICHTIGER TIP

Gebackene Savarins eignen sich hervorragend zum Einfrieren.

ZUBEREITUNG SAVARINS

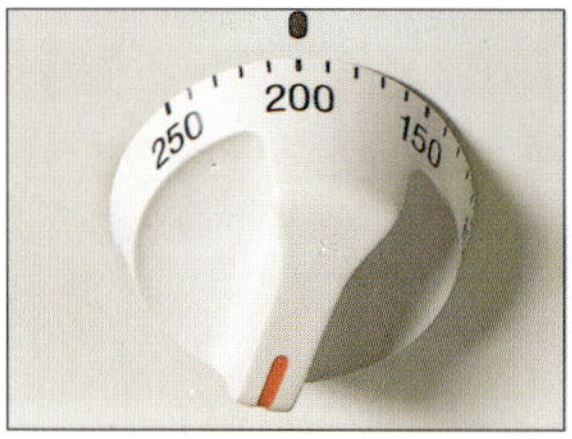

1. Backofen auf 200 Grad vorheizen.

2. Butter, Zucker, Eier, Salz und Zitronenschale vermischen.

3. Eiermischung mit dem Hefeansatz verrühren.

4. Mit den Händen zum Teig schlagen.

5. Gebutterte Savarin-Förmchen mit Mehl überstäuben.

6. Teig mit Spritztüte in Förmchen füllen.

7. Teig in den Förmchen zugedeckt gehen lassen.

8. Auf mittlerer Schiene 15 Minuten backen.

9. Rum zu Wasser und Zucker zugeben.

10. Gebackene Savarins mit dem Sirup tränken.

11. Mit heißer Aprikotur bestreichen.

12. Savarins mit Obst füllen.

REZEPT

1. Das Mehl in eine Schüssel sieben, in die Mitte eine Vertiefung drücken, die Hefe hineinbröckeln und mit der Milch auflösen. Über diesen Hefeansatz Mehl streuen. Schüssel mit einem Tuch bedecken und an einem warmen Ort ca. 15 Minuten gehen lassen.
2. Butter lauwarm zerlassen, Zucker, Gewürze und Eier beifügen und das Ganze mit dem Schneebesen oder dem Handrührgerät kurz durchrühren. Die Masse soll nicht schaumig werden.
3. Zeigt der Hefeansatz Risse an der Oberfläche, die Eiermischung dazugeben und den Teig mit den Händen kräftig schlagen. Er muß sich leicht ausziehen lassen, darf also nicht zu fest sein. Nochmals 15 Minuten gehen lassen.
4. Backofen auf 200 Grad vorheizen.
5. 30 Portions-Savarins mit Butter ausstreichen, mit Mehl überstäuben. Den Teig in den Spritzbeutel geben und die Förmchen damit halbhoch füllen. Mit einem Tuch bedeckt nochmals gehen lassen, bis sich das Volumen verdoppelt hat (ca. 10–15 Minuten).
6. Auf der mittleren Schiene ca. 15 Minuten backen.
7. Für den Sirup Wasser und Zucker aufkochen, lauwarm abkühlen lassen, dann den Rum zusetzen.
8. Das Kuchengitter über eine Schüssel legen und die Savarins daraufsetzen. Mit einer Schöpfkelle den Sirup darübergießen, bis die Kuchen vollkommen durchgezogen sind. Wenn nötig, Vorgang mit dem Siruprest aus der Schüssel wiederholen.
9. Die Savarins dünn mit heißer Aprikotur bestreichen und gut kühlen.
10. Für die erste Fülle den Weißwein mit Zucker und Orangensaft dicklich einkochen. Die Stachelbeeren unterheben und kurz erhitzen. Die Sahne mit dem Zucker steif schlagen. Die Fülle in die Savarins füllen und mit je 1 Sahnerosette garnieren. Die Füllung reicht für 15 Stück.
11. Für die zweite Füllung den Weißwein mit Zucker und Orangensaft dicklich einkochen. Die Johannisbeeren unterheben und kurz erhitzen. Die Savarins damit füllen. Die Füllung reicht für 15 Stück.
12. Für den Weißweinsabayon das Eigelb mit dem Zucker cremig rühren. Dann die Schüssel in das Wasserbad geben und nach und nach unter kräftigem Schlagen den Wein und das Innere der Vanilleschote zugeben, damit die Creme schaumig wird und das Doppelte an Volumen erreicht. Noch warm auf die gefüllten Savarins gießen und sofort servieren.

Rosenkuchen

WARENKUNDE

Margarine
Nichts geht über Butter, lautet eine altbekannte Hausfrauenweisheit. Aber Margarine dient sicherlich nicht nur als billiger Ersatz. Manchmal kann es sogar angeraten sein, beim Backen ganz bewußt Margarine anstelle von Butter zu verwenden. Margarine ist ein Speisefett aus gehärteten tierischen Fetten und Pflanzenölen, mit Karotin buttergelb gefärbt. Für den Fachmann gibt es sie in drei Ausführungen:
»Backmargarine« ist fester und zäher als Butter und verträgt Kneten und Rühren besser. Sie eignet sich gut für Mürbe- und Zuckerteige. Die Teige werden nicht so schnell brüchig und halten auch lange frisch.
»Crememargarine« dient zur Herstellung von Cremes, da sie sich leicht aufschlägt und eine gute Standfestigkeit aufweist.
»Ziehmargarine« ist besonders bei Blätterteig und Plundergebäck erwünscht. Mit ihr lassen sich diese Teige leichter verarbeiten als mit Butter.

ZUTATEN

Für den Hefeteig:
500 g Mehl
40 g Hefe
1/4 l lauwarme Milch
80 g Zucker
100 g flüssige Margarine
1 Prise Salz

Für die Füllung:
100 g Marzipanrohmasse
100 g Farinzucker
100 g gemahlene Haselnüsse
2 Eiweiß
2 cl Rum
1/2 TL Zimt
1 EL passierte Aprikosenkonfitüre

KÜCHENGERÄTE

Springform, 26 cm Durchmesser
Handquirl oder Küchenmaschine
1 große Schüssel
Mehlsieb
Kochlöffel
Teelöffel, Messer
Nudelholz
Küchentuch
Palette
Meßbecher
Backpinsel
Kuchengitter
1 kleines Sieb

ZEIT

Vorbereitungszeit:
50 Minuten

Backzeit:
30 – 35 Minuten

Ruhezeit:
1 Stunde

WICHTIGE TIPS

1. Zubereitung des Hefeteigs siehe Grundrezept Seite 112/113.
2. Anstelle von Haselnüssen können auch Mandeln oder Walnüsse verwendet werden.

ZUBEREITUNG ROSENKUCHEN

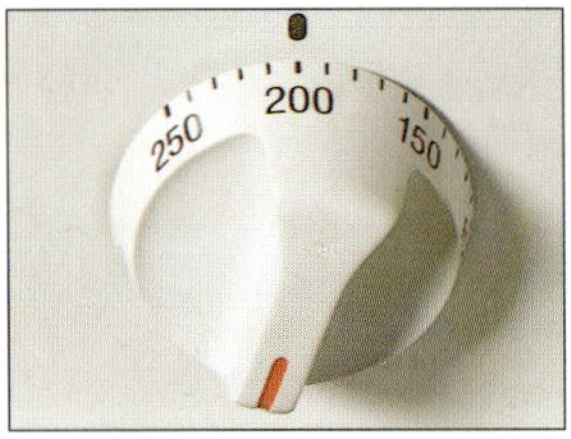

1. Backofen auf 200 Grad vorheizen.

2. Hefeteig mit dem Nudelholz ausrollen.

3. Marzipanwürfel zum Farinzucker geben.

4. Rum zur Marzipan-Zucker-Nuß-Eiweiß-Zimt-Mischung geben.

5. Masse gut verrühren.

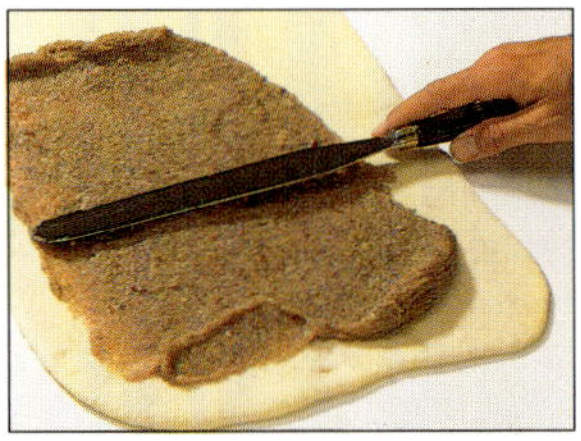

6. Marzipanmasse auf die Teigplatte streichen.

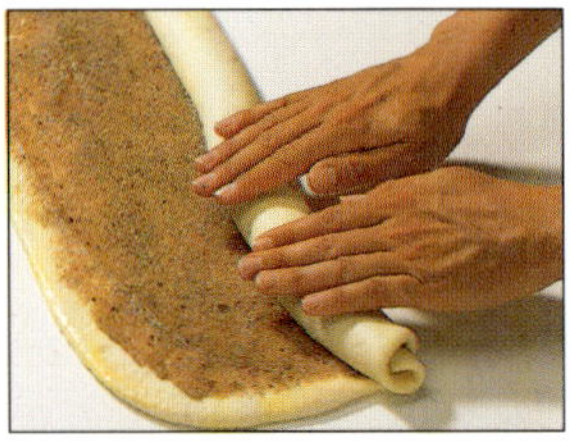

7. Teig aufrollen.

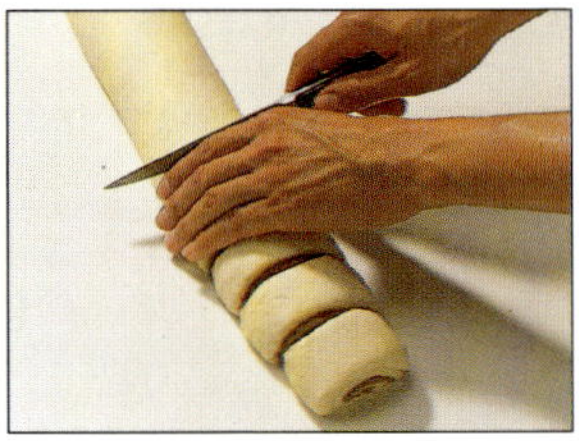

8. Teigrolle in 4 cm breite Stücke schneiden.

9. Teigstücke nebeneinander in die gefettete Form legen.

10. Mit einem Tuch bedecken und 30 Minuten gehen lassen.

11. Auf mittlerer Schiene 30 Minuten backen.

12. Aus der Form lösen und auf einem Kuchengitter erkalten lassen.

REZEPT

1. Das Mehl in eine Schüssel sieben, in die Mitte eine Vertiefung drücken, die Hefe hineinbröckeln und mit der Milch, 1 TL Zucker und wenig Mehl verrühren. Etwas Mehl darüberstäuben und zugedeckt an einem warmen Ort 15 Minuten gehen lassen.
2. Den restlichen Zucker, die flüssige Margarine und das Salz dazugeben und alles verkneten. Den Teig schlagen, bis er Blasen wirft. Nochmals 15 Minuten gehen lassen.
3. Inzwischen für die Fülle die Marzipanrohmasse mit Farinzucker, Haselnüssen, Eiweiß, Zimt und Rum verrühren.
4. Eine Springform von 26 cm Ø einfetten.
5. Den Hefeteig zu einer 1 cm dicken Platte von 30 x 80 cm ausrollen und die Fülle daraufstreichen. Den Teig von der Längsseite her aufrollen und in 4 cm breite Stücke schneiden. Diese Stücke mit der Schnittfläche nach unten kreisförmig in die Form setzen. Zugedeckt nochmals 30 Minuten gehen lassen.
6. Backofen auf 200 Grad vorheizen.
7. Auf der mittleren Schiene etwa 30–35 Minuten backen.
8. Aus der Form lösen, mit der heißen Aprikosenkonfitüre bestreichen und auf einem Kuchengitter erkalten lassen.

VARIATION

Wer den Rosenkuchen saftiger mag, kann eine Quark-Früchte-Füllung zubereiten. Dazu 250 g kandierte Früchte wie Kirschen, Ananas, Aprikosen und Zitronat kleinhacken. Mit 250 g Magerquark, 50 g Zucker, 1 Päckchen Vanillinzucker, der abgeriebenen Schale von 1/2 Zitrone, 1 Ei und 1 EL Speisestärke gut verrühren.

Gugelhupf

WARENKUNDE

Rosinen
Als Rosinen werden die verschiedensten Sorten getrockneter Weinbeeren bezeichnet: Traubenrosinen sind eine großbeerige Sorte mit Kernen und rötlichblauer bis schwarzer Farbe. Sultaninen sind ebenfalls eine großbeerige, jedoch kernlose Sorte, Korinthen dagegen klein, kernlos, blauschwarz und haben eine sehr zarte Schale. Schon in frühesten Zeiten wurde diese Traubensorte mit dem Namen »Schwarze Korinthe« auf dem Peloponnes angebaut und vom Hafen Korinth aus in alle Welt verschifft.
In der sengenden Hitze der Mittelmeerländer ist die Herstellung von Weinbeeren recht einfach. Zunächst bleiben die Trauben bis zur Überreife am Stock. Nach der Ernte läßt man sie mehrere Wochen an der Luft trocknen, wobei sich ihr Wassergehalt bis auf etwa 15 % reduziert und die Stärke der Trauben sich in Fruchtzucker umwandelt. Manchmal werden Rosinen und Korinthen in einem Schwefeldioxydbad gebleicht (geschwefelt), um sie länger haltbar zu machen.

ZUTATEN

500 g Mehl
40 g Hefe
1/8 l lauwarme Milch
180 g zimmerwarme Butter
120 g Zucker
1/2 TL Salz
abgeriebene Schale einer unbehandelten Zitrone
2 zimmerwarme Eigelbe
3 zimmerwarme Eier
50 g Rosinen
50 g Korinthen
100 g gehackte Mandeln
50 g gehacktes Zitronat
2 cl Rum
Semmelbrösel zum Ausstreuen der Form
16 abgezogene Mandeln
Puderzucker zum Überstauben

KÜCHENGERÄTE

Gugelhupfform
2 große Schüsseln
Küchentuch
Mehlsieb
Stielkasserolle
Kochlöffel
Handquirl
1 kleines Sieb
Backpinsel
Kuchengitter

ZEIT

Vorbereitungszeit:
ca. 30 Minuten

Backzeit:
45 Minuten

Ruhezeit:
35–40 Minuten

WICHTIGER TIP

Fertiggebackener Gugelhupf eignet sich sehr gut zum Einfrieren – entweder im ganzen oder in Stücken. 2–4 Stunden bei Zimmertemperatur auftauen lassen, dann in Alufolie einschlagen und bei 200 Grad 10 Minuten aufbacken.

ZUBEREITUNG GUGELHUPF

1. In das Mehl eine Mulde drücken und die Hefe hineinbröckeln.

2. Lauwarme Milch über die Hefe gießen.

3. Den Hefeansatz mit etwas Mehl bedecken.

4. Den Hefebrei zugedeckt ca. 15 Minuten gehen lassen.

5. Das restliche Mehl unter den Hefebrei mischen.

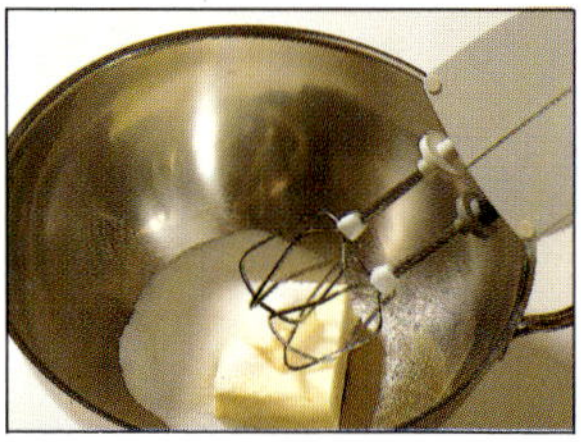

6. In eine andere Schüssel die Butter und den Zucker geben.

7. Butter und Zucker gut schaumig schlagen.

8. Die Eier aufschlagen und untermischen.

9. Die Hefemasse dazugeben und gut verrühren.

10. Gehackte Mandeln, Zitronat, Rosinen und Korinthen dazugeben.

11. Alle Zutaten zu einem glatten Teig verarbeiten und 25-30 Minuten gehen lassen.

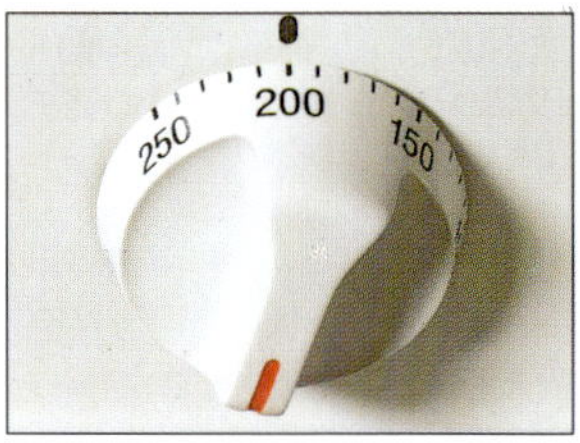

12. Backofen auf 200 Grad vorheizen.

13. Die Gugelhupfform mit Butter ausstreichen.

14. In jede Rille eine ganze abgezogene Mandel legen.

15. Die Form mit Semmelbröseln ausstreuen.

16. Den Hefeteig in die Form füllen.

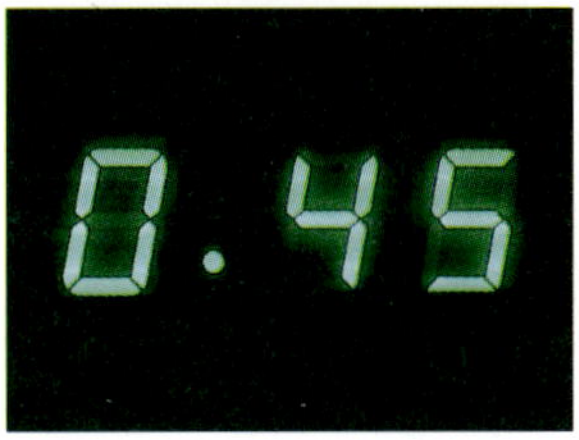

17. Auf mittlerer Schiene ca. 45 Minuten backen.

18. Den Kuchen mit Puderzucker überstauben.

REZEPT

1. Das Mehl in eine große Schüssel sieben. In die Mitte eine Mulde drücken und die Hefe hineinbröckeln. Die lauwarme Milch zur Hefe gießen, leicht verrühren und mit etwas Mehl vom Muldenrand bedecken. Zugedeckt ca. 15 Minuten gehen lassen.

2. In der Zwischenzeit Butter und Zucker in einer Schüssel schaumig schlagen. Eigelbe und Eier dazugeben und verrühren.
3. Den Hefeansatz mit dem restlichen Mehl vermischen, zur Buttermasse geben und gut verrühren.
4. Rosinen, Korinthen, gehackte Mandeln und Zitronat hinzufügen und alles zu einem glatten Teig verarbeiten. Zugedeckt nochmals ca. 25–30 Minuten gehen lassen.
5. Backofen auf 200 Grad vorheizen.

6. Die Gugelhupfform mit Butter ausstreichen. In jede Rille am Boden der Form eine ganze, abgezogene Mandel legen und die Form mit Semmelbröseln ausstreuen.
7. Den aufgegangenen Teig in die Form füllen und auf der mittleren Schiene ca. 45 Minuten backen.
8. Noch warm auf ein Kuchengitter stürzen und mit Puderzucker überstauben.

Croissants

(Grundrezept Plunderteig)

WARENKUNDE

Butter

Butter besitzt viele für den Organismus wichtige Stoffe, vor allem jedoch hat sie von allen Speisefetten unbestreitbar den feinsten Geschmack. In der Diskussion pro und contra Butter sollte jeder Kuchenbäcker selbst entscheiden, ob er nur mit Butter arbeitet oder auch andere Fette sinnvoll einsetzt.
Zwischen Sauerrahm- und Süßrahmbutter besteht in der Praxis kein Unterschied. Leicht gesalzene Butter kann oft eine ideale Zutat für Mürbe- und Hefeteige sein, denen ohnehin etwas Salz zugesetzt wird. Butterschmalz ist die haltbare Variante der Butter. Man kann es selbst herstellen, indem man die Butter in der Pfanne ausläßt. Butter unter der Bezeichnung Landbutter darf nur von kleinen Molkereibetrieben und Bauernhöfen vertrieben werden. Sie ist nicht pasteurisiert.

ZUTATEN

für 36 Stück

1 kg Mehl
40 g Hefe
5/8 l Milch
20 g Salz
120 g Zucker
600 g Butter
Mehl zum Ausrollen
1 Eigelb und etwas Milch zum Bestreichen

KÜCHENGERÄTE

Backblech
Mehlsieb
Küchentuch
Klarsichtfolie
Nudelholz
1 Kasserolle
Palette
Messer
Teigrädchen

ZEIT

Vorbereitungszeit:
40 Minuten

Backzeit:
15 Minuten

Ruhezeit:
ca. 3 1/2 Stunden

WICHTIGE TIPS

1. Wegen des geringen Hefeanteils geht der Teig sehr langsam. Bei Raumtemperatur braucht er etwa 1 Stunde, bis er sein Volumen verdoppelt hat.
2. Croissants sind relativ stark gesalzen, und das Verhältnis von Salz und Zucker trägt mit zum aparten Geschmack bei. Man kann auch weniger Salz und dafür gesalzene Butter verwenden.
3. Plunderteig hält sich tiefgefroren ungefähr 3 Monate. Dafür den Teig ausrollen, in die gewünschte Form schneiden und die Stücke, durch Folie getrennt, aufeinanderlegen und einfrieren. Bei Zimmertemperatur 2–3 Stunden auftauen und wie frischen Teig weiterverarbeiten.

ZUBEREITUNG CROISSANTS

1. Lauwarme Milch zur Hefe in die Mehlmulde gießen.

2. Mit etwas Mehl vermischen.

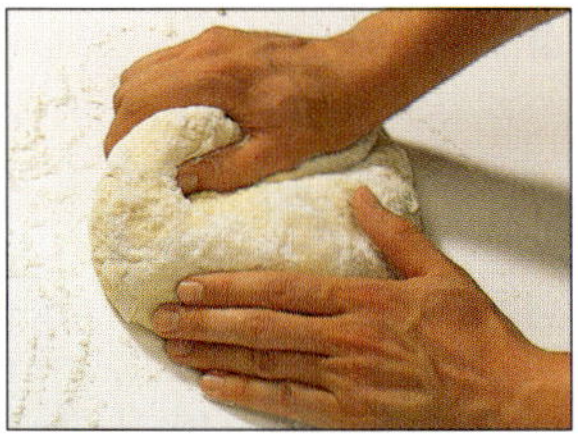

3. Mit Salz und Zucker zu einer Teigkugel kneten.

4. Den nochmals durchgekneteten Teig mit Folie abdecken.

5. Butter zu einer Platte von 20 x 20 cm formen.

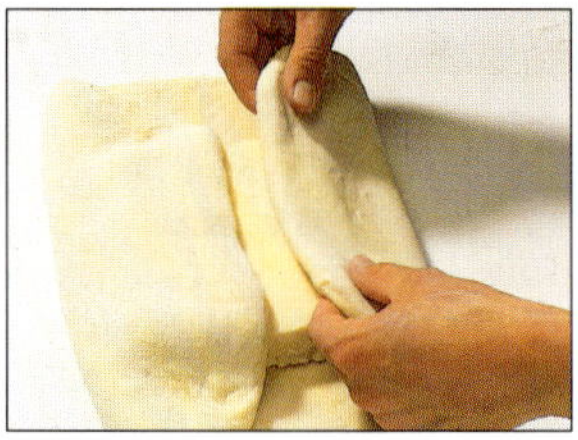

6. Butterplatte in den ausgerollten Teig einschlagen.

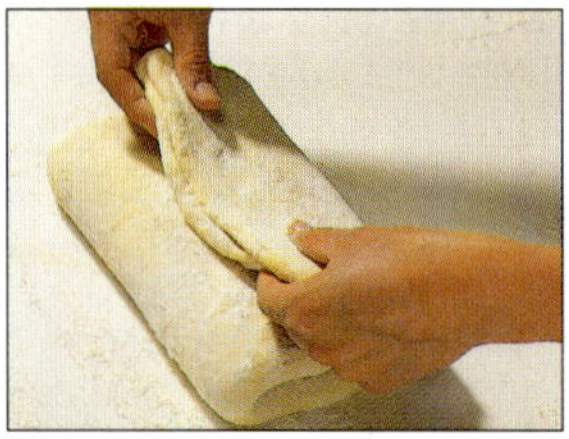

7. Dem Teig drei einfache Touren geben.

8. Den Teig ausrollen.

9. Aus den beiden Teigstreifen 36 Dreiecke schneiden.

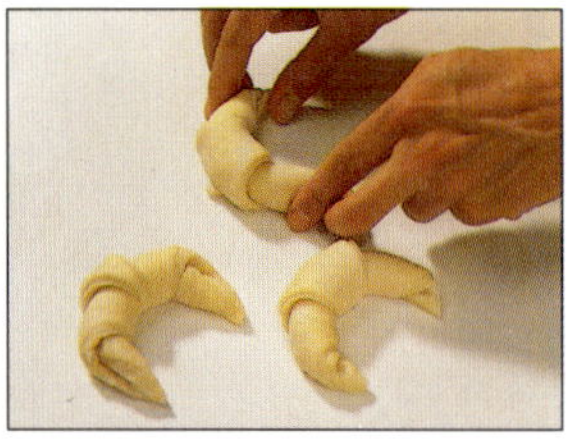

10. Die Dreiecke aufrollen und zu Hörnchen formen.

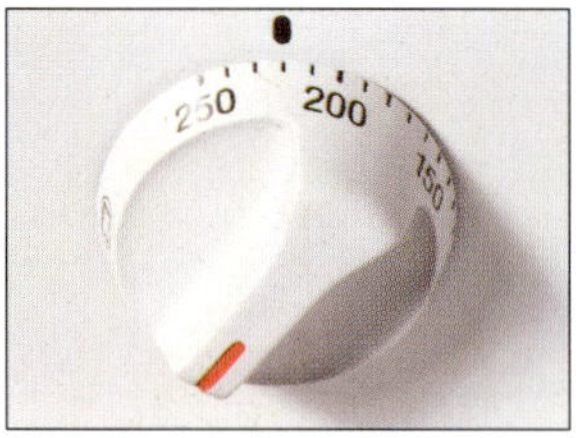

11. Backofen auf 220 Grad vorheizen.

12. Auf mittlerer Schiene 15 Minuten backen.

REZEPT

1. Das Mehl auf eine Arbeitsfläche sieben, in die Mitte eine Mulde drücken und die Hefe hineinbröckeln. Mit lauwarmer Milch die Hefe auflösen und zugleich mit etwas Mehl vermischen. Salz und Zucker zufügen. Alles zu einem leichten, geschmeidigen Teig kneten. Etwa 1 Stunde gehen lassen, bis der Teig sein Volumen verdoppelt hat.
2. Den Teig nochmals kurz durchkneten und mit Folie zugedeckt 1–2 Stunden in den Kühlschrank stellen.
3. Inzwischen die Butter bei Raumtemperatur weich werden lassen und etwas geschmeidig kneten, sie muß die gleiche Konsistenz wie der Teig haben.
4. Den gekühlten Teig zu einer Platte von 40 x 40 cm ausrollen. Die Butter zu einer Platte von 20 x 20 cm drücken, auf die Mitte des Teiges legen und die Enden darüberklappen. Die Butter muß vollständig vom Teig umhüllt sein. Das Ganze zu einer 25 x 50 cm großen Platte ausrollen und dann drei einfache Touren geben (siehe Seite 11). Den Teig zwischen den Touren jeweils 10 Minuten im Kühlschrank ruhen lassen.
5. Den Teig zu einer Platte von 30 x 60 cm Größe ausrollen. Darauf achten, daß abwechselnd nach verschiedenen Richtungen gerollt wird. Den Teig einige Minuten entspannen lassen, dann längs zu zwei Bahnen von 15 cm Breite teilen. Aus den beiden Teigbahnen, die jeweils 15 cm breit und 60 cm lang sind, 12 cm breite Dreiecke schneiden.

6. Die Teigdreiecke mit beiden Händen an der Schmalseite fassen und in der Mitte etwa 2–3 cm tief einschneiden, um den Teig ein wenig auseinanderziehen zu können.
7. Die Croissants aufrollen. Dafür die Teigspitze auf die Arbeitsfläche drücken und mit dem Daumen festhalten. Mit der anderen Hand das Croissant aufrollen und zugleich dagegenziehen, damit die Teigspitze dünner und länger wird. Dabei das Croissant so rollen, daß es zu den Enden hin deutlich dünner wird.
8. Backofen auf 220 Grad vorheizen.
9. Die Croissants in genügend großem Abstand auf das Backblech legen, weil sie stark aufgehen. Die Teigenden immer nach unten legen, damit sie sich beim Backen nicht aufrollen. 15 Minuten zugedeckt gehen lassen.
10. Croissants mit Eigelb bestreichen, das mit etwas Milch verdünnt wurde. Auf der mittleren Schiene etwa 15 Minuten knusprig braun backen.

Brioches

WARENKUNDE

Mehl

Zu Mehl können alle Getreidearten verarbeitet werden. Für Kuchen, Torten und Feingebäck interessiert in erster Linie jedoch das Weizenmehl, für Lebkuchen und Brote auch das Roggenmehl. Nach dem Grad der Feinheit unterscheidet man Schrot-, Gries-, Dunst- und Auszugsmehl.
Die Typenbezeichnung gibt Auskunft über den Gehalt an Mineralstoffen im Mehl. Type 405 weist den geringsten Gehalt an Mineralstoffen auf, da nur der innerste Teil des Kornes vermahlen wurde. Schon bei Type 550 sind mehr Schalenteilchen, also mehr Mineralstoffe enthalten. Weizenmehl anderer Typen bis hin zum Weizenschrot (Type 1700) ist in Reformhäusern und Bioläden erhältlich.

ZUTATEN

250 g Mehl
10 g Hefe
3 cl lauwarmes Wasser
3 Eier
1 TL Salz
25 g Zucker
150 g Butter
Mehl zum Verarbeiten
2 Eigelb zum Bestreichen

KÜCHENGERÄTE

ca. 18–20 Briocheförmchen,
7 cm Durchmesser
Mehlsieb
Teigschaber
Küchentuch
1 Kasserolle
Tasse
Gabel
Backpinsel

ZEIT

Vorbereitungszeit:
35 Minuten

Backzeit:
12 Minuten

Ruhezeit:
Über Nacht; 3 1/2 Stunden

WICHTIGE TIPS

1. Briocheteig muß schon am Tag zuvor zubereitet werden.
2. Die Butter schon 2 Stunden vorher aus dem Kühlschrank nehmen, damit sie Raumtemperatur annimmt.
3. Der Teig kann gut eingefroren werden (Haltbarkeit ca. 2–3 Monate).

ZUBEREITUNG BRIOCHES

1. Die Hefe in der Mehlmulde mit lauwarmer Milch auflösen.

2. Eier, Salz, Zucker und Butterstückchen dazugeben.

3. Alle Zutaten zu einem Teig kneten.

4. Mit den Händen kräftig durcharbeiten.

5. Teig gut abschlagen.

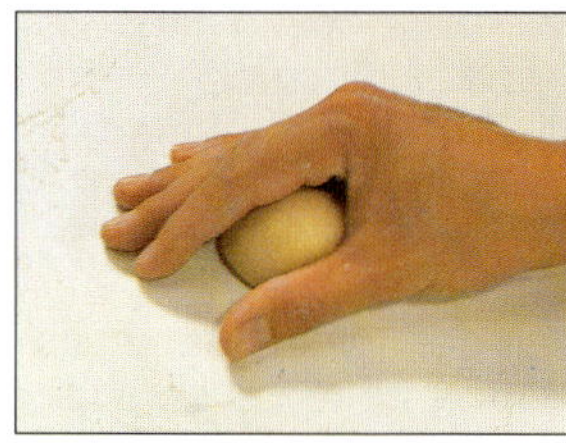

6. Die Teigstücke in der hohlen Hand rundschleifen.

7. $^{1}/_{3}$ der Teigkugel zum Köpfchen abdrehen.

8. Teig in Briocheförmchen setzen, Köpfchen andrücken.

9. Den Teig zwischen Köpfchen und Rand herunterdrücken.

10. Brioches zugedeckt $1^{1}/_{2}$ Stunden gehen lassen.

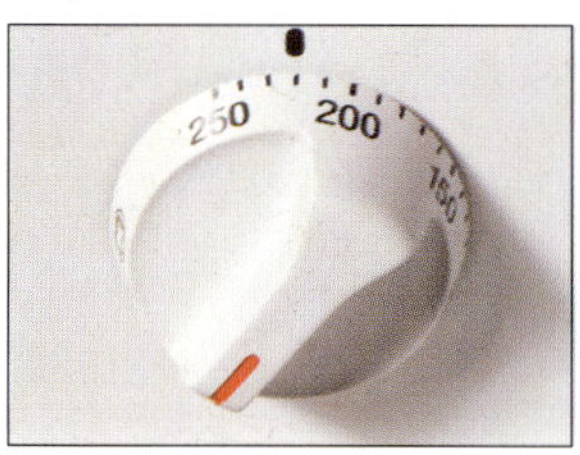

11. Backofen auf 220 Grad vorheizen.

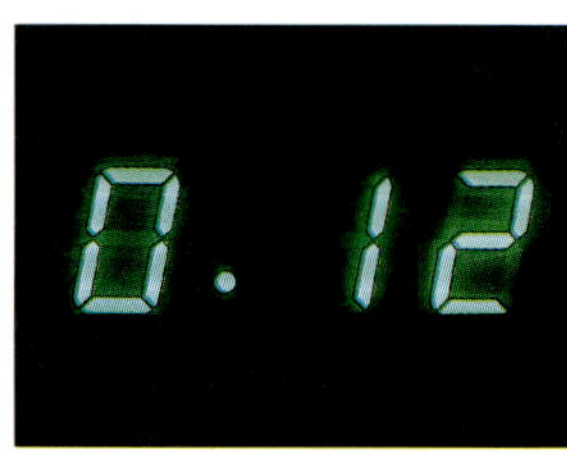

12. Auf mittlerer Schiene 12 Minuten backen.

REZEPT

1. Das Mehl auf eine Arbeitsfläche sieben, in die Mitte eine Mulde drücken, die Hefe hineinbröckeln und mit dem lauwarmen Wasser auflösen. Mit Mehl überstauben, denn die Hefe soll möglichst nicht direkt mit dem Salz in Verbindung kommen. Dann die Eier zugeben und anschließend Salz und Zucker in die Mulde geben. Butterflocken darüber verteilen. Mit der Hand von innen nach außen die Zutaten vermischen. Dabei mit dem Teigschaber das Mehl vom Außenrand nach und nach dazugeben. Alles zu einem weichen Teig vermengen.
2. Teig mit beiden Händen schlagen und dabei immer wieder hochheben und auf die Arbeitsplatte zurückfallen lassen, damit Luft in den Teig kommt. Zwischendurch mit dem Teigschaber an der Arbeitsfläche haftenden Teig ablösen.
3. Damit der Teig locker und seidig glänzend wird, den Teig hochheben und auf die Arbeitsfläche zurückwerfen. Das Ergebnis ist ein elastischer Teig, der extrem dehnbar ist, ohne zu reißen. Den fertigen Teig im Kühlschrank zugedeckt etwa 2 Stunden gehen lassen.
4. Den Teig nochmals kurz durchkneten und wieder zu einer Kugel formen. Über Nacht zugedeckt in einer Schüssel im Kühlschrank ruhen lassen.
5. Teigstücke von exakt 35 g abwiegen und in der hohlen Hand rundschleifen, bis der Teig zu einer glatten Kugel geformt ist. Bei dem leichten, fettreichen Teig ist es nötig, die Hand in Mehl zu tauchen und auch die Arbeitsfläche mit Mehl zu besieben.
6. Zum Formen der Brioches die Teigkugel mit der Handkante hin und her rollen, ohne sie aber ganz zu durchtrennen. Etwa 1/3 des Teiges für das Köpfchen abrollen. Mit dem größeren Teil nach unten in die leicht gefetteten Förmchen setzen. Das Köpfchen andrücken, weil es sonst schon beim Aufgehen des Teiges oder spätestens beim Backen herauswachsen würde. Mit einer Hand das Förmchen drehen, mit dem Daumen der anderen Hand zwischen Köpfchen und Rand den Teig herunterdrücken, damit die äußere Teigwulst nach oben geschoben wird. Die Brioches etwa 1 1/2 Stunden zugedeckt bei Zimmertemperatur gehen lassen, sie müssen mindestens das Doppelte an Volumen erreichen.
7. Backofen auf 220 Grad vorheizen.
8. Brioches mit verquirltem Eigelb bestreichen. Auf der mittleren Schiene etwa 12 Minuten backen.

Erdbeerroulade

(Grundrezept Biskuit)

WARENKUNDE

Erdbeeren
Vom äußeren Schein sollte man sich bei Erdbeeren nicht täuschen lassen. Hier gilt meist: Je größer und schöner die Frucht, desto weniger Aroma enthält sie in der Regel. Besonders die vielen Neuzüchtungen aus Übersee, die das ganze Jahr über verkauft werden, sind wenig geschmacksintensiv. Umgekehrt haben die winzigen Walderdbeeren das meiste Aroma. Sie sind nur selten auf dem Markt erhältlich und sehr teuer. Eine Walderdbeertorte wird da zur kleinen Kostbarkeit. Unsere Kulturerdbeere entstand aus Kreuzungen der Scharlach-Erdbeere mit der großen Chile-Erdbeere und bringt es heute auf über tausend Sorten. In Deutschland wird sie erwerbsmäßig erst seit 1840 angebaut. Ihre Verwendungsmöglichkeiten sind nahezu unbegrenzt. Weil Erdbeerfrüchte sehr empfindlich sind, sollten sie möglichst frisch verarbeitet werden.

ZUTATEN

200 g Erdbeeren
2 EL Zucker
5-6 Eigelbe
100 g Zucker
5-6 Eiweiße
80 g Mehl
50 g Speisestärke (z. B. Mondamin)
1/2 l Sahne
2 EL Zucker für die Sahne
1/2 Tasse Puderzucker

KÜCHENGERÄTE

Backblech
Pergamentpapier
2 große Schüsseln
Schneebesen
Handmixer oder Küchenmaschine
Mehlsieb
2 Küchentücher
Holzspatel
Teigschaber
Palette
1 kleines Sieb
Draht zum Mustereinbrennen

ZEIT

Vorbereitungszeit:
45 Minuten

Backzeit:
ca. 10 Minuten

Ruhezeit:
ca. 20 Minuten

WICHTIGE TIPS

1. Die Roulade läßt sich besser aufrollen, wenn die Erdbeeren in die Sahneschicht etwas eingedrückt werden.
2. Die Roulade kann auch mit Konfitüre gefüllt und mit Puderzucker überstäubt serviert werden.
3. Der klassische Biskuitteig wird ohne Fett zubereitet. Bei der sogenannten »Wiener Masse« wird flüssiges Fett unter die Biskuitmasse gegeben. Der Biskuit wird dann nicht ganz so hoch und bleibt saftig.

ZUBEREITUNG ERDBEERROULADE

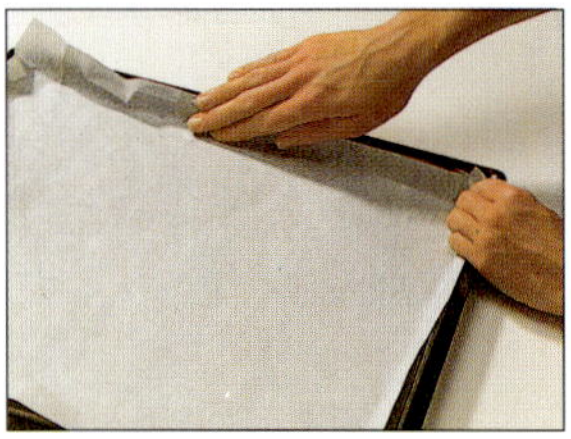

1. Backblech mit Pergamentpapier auslegen.

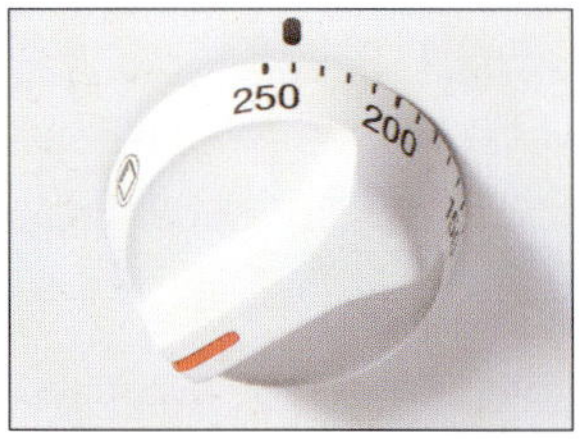

2. Backofen auf 200 Grad vorheizen.

3. Eigelb in der Küchenmaschine schaumig rühren.

4. Eiweiß steif schlagen, den Zucker dabei einrieseln lassen.

5. Eischnee mit dem Holzspatel unter die Eigelbmasse heben.

6. Mehl und Speisestärke zur Masse sieben.

7. Mit dem Holzspatel vorsichtig unterheben.

8. Teig auf das Pergamentpapier streichen.

9. Teig mit einer Palette glattstreichen.

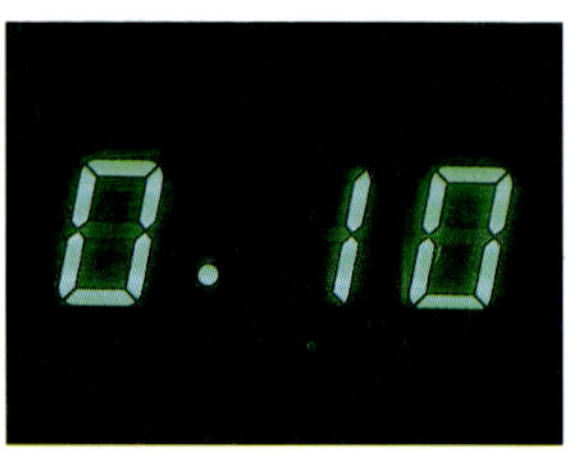

10. Auf mittlerer Schiene 10 Minuten backen.

11. Auf ein Tuch stürzen und das Pergamentpapier abziehen.

12. Sahne mit dem Schneebesen steif schlagen.

13. Sahne auf der Biskuitplatte verteilen und glattstreichen.

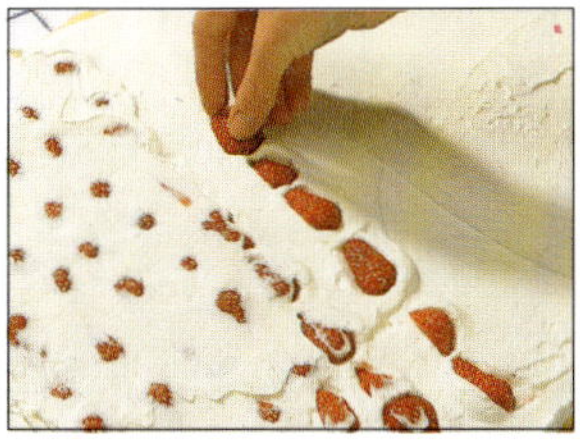

14. Erdbeeren auf der Sahne gleichmäßig verteilen.

15. Teigplatte mit Hilfe des Küchentuchs aufrollen.

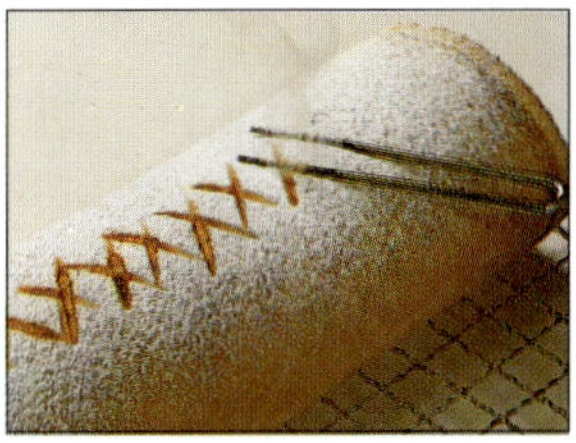

16. Mit einem heißen Draht ein Muster einbrennen.

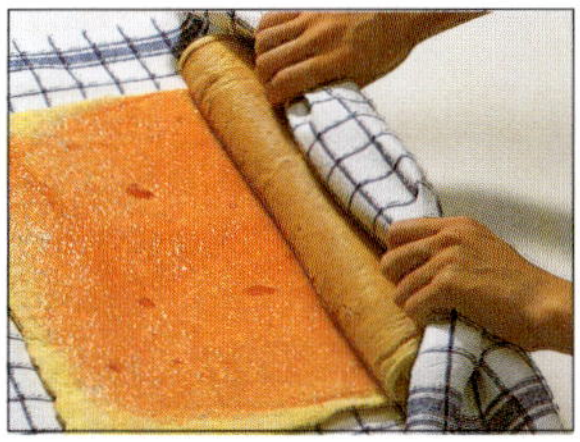

17. Variante: Biskuit mit Marmelade bestreichen und aufrollen.

18. Fertige Roulade mit Marmelade.

REZEPT

1. Backblech mit Pergamentpapier auslegen.
2. Die Erdbeeren verlesen, vierteln, mit Zucker bestreuen und zugedeckt ziehen lassen.
3. Den Backofen auf 200 Grad vorheizen.
4. Die Eigelbe mit der Hälfte des Zuckers schaumig rühren.
5. Die Eiweiße mit dem restlichen Zucker steif schlagen und unter die Eigelbmasse heben. Das Mehl mit der Speisestärke darübersieben und unterziehen.
6. Den Teig auf das Pergamentpapier streichen und auf der mittleren Schiene ca. 10 Minuten backen.
7. Die Teigplatte auf ein Tuch stürzen und mit einem feuchten Tuch bedeckt erkalten lassen. Oder: Sofort nach dem Backen noch heiß aufrollen.
8. Das Pergamentpapier abziehen. Die Sahne mit dem Zucker steif schlagen, auf die Biskuitplatte streichen und mit den geviertelten Erdbeeren belegen.
9. Die Platte mit Hilfe des Tuches aufrollen und mit dem Puderzucker überstauben. Mit einem glühenden Draht ein Muster einbrennen.

Himbeer-Joghurt-Torte

WARENKUNDE

Joghurt
Dieses erfrischende Sauermilchprodukt wurde zuerst in der Türkei und den südosteuropäischen Ländern zubereitet und gilt dort als ein Nationalgericht. Verwendet wurde dafür die Milch von Tieren, die auf den Karststeppen des Balkans leben: Ziegen-, Schaf- oder Büffelmilch. Unser Joghurt wird zumeist aus pasteurisierter Vollmilch oder entrahmter Trinkmilch durch Impfung mit speziellen Milchsäurebakterien gewonnen. Für die zeitgemäße Bäckerei ist Joghurt ein ideales Produkt. Er wird gerne in leichten Füllungen anstelle von Sahne verwendet und läßt sich wunderbar mit Früchten aller Art kombinieren.

ZUTATEN

Für den Mürbeteigboden:

125 g Mehl
75 g Butter
30 g Puderzucker
1 Eigelb
1 Messerspitze Salz

Für die Biskuitroulade:

5 Eigelbe
100 g Zucker
5 Eiweiße
80 g Mehl
40 g Speisestärke (z. B. Mondamin)
250 g Himbeerkonfitüre zum Bestreichen

Für die Joghurtcreme:

140 g Zucker
80 ml Zitronensaft
Schale von einer unbehandelten Zitrone
3 Eigelbe
8 Blatt weiße Gelatine
250 g Joghurt
3/8 l Sahne
300 g Himbeeren
3 EL Aprikosenkonfitüre
16 Himbeeren zum Garnieren

KÜCHENGERÄTE

Springform, 24 cm Durchmesser
Backblech
Mehlsieb
Klarsichtfolie
Nudelholz
Pergamentpapier
Schneebesen
2 Kasserollen
1 große Schüssel
Palette
Teigschaber
2 Küchentücher
1 großes Sieb
Kochlöffel
Küchenmaschine oder Handmixer
Backpinsel

ZEIT

Vorbereitungszeit:
1 Stunde

Backzeit:
20 Minuten

Ruhezeit:
1 Stunde; 10 Minuten

WICHTIGE TIPS

1. Zubereitung des Mürbe- und des Biskuitteigs siehe Grundrezepte Seite 52/53 und 156/157.
2. Es können auch gefrorene Himbeeren verwendet werden.

ZUBEREITUNG HIMBEER-JOGHURT-TORTE

1. Springform mit Pergamentpapier auslegen.

2. Fertige Roulade in ca. 1 cm dicke Scheiben schneiden.

3. Boden der Springform mit den Scheiben auslegen.

4. Rand der Springform mit den Scheiben auskleiden.

5. Zitronensaft und -schale zum Zucker in den Topf geben.

6. Eigelbe unterrühren.

7. Unter Rühren bis zum Siedepunkt erhitzen.

8. Eingeweichte und ausgedrückte Gelatine unterrühren.

9. Creme mit dem Joghurt verrühren.

10. Steifgeschlagene Sahne unter die Creme ziehen.

11. Die Hälfte der Creme in die Form füllen und glattstreichen.

12. Restliche Creme mit Himbeermark verrühren.

13. Himbeercreme auf die andere Creme streichen.

14. Mit einer Gabel ein Marmormuster ziehen.

15. Vorgebackenen Mürbeteigboden auflegen.

16. Kuchen stürzen. Pergamentpapier abziehen.

17. Mit der erhitzten Konfitüre bestreichen.

18. Mit Himbeeren garnieren.

REZEPT

1. Den Mürbeteig, wie im Grundrezept Seite 52/53 beschrieben, zubereiten.
2. Backofen auf 200 Grad vorheizen. Backblech fetten.
3. Den Teig ausrollen und mit dem Rand der Springform einen Boden ausstechen.
4. Etwa 8–10 Minuten backen. Dann noch heiß auf 22 cm Ø zuschneiden.
5. Für die Biskuitroulade das Backblech mit Pergamentpapier auslegen. Den Backofen auf 200 Grad vorheizen.
6. Den Biskuitteig, wie im Grundrezept Seite 156/157 beschrieben, zubereiten.
7. Den Teig auf das Pergamentpapier streichen und auf der mittleren Schiene ca. 10 Minuten backen.
8. Die Teigplatte auf ein Tuch stürzen und mit einem feuchten Tuch bedeckt erkalten lassen. Das Pergamentpapier abziehen.
9. Die Biskuitplatte mit Himbeerkonfitüre bestreichen und mit Hilfe des Tuches aufrollen. Die Roulade in ca. 1 cm dicke Scheiben schneiden.
10. Boden und Rand der Springform mit Pergamentpapier auslegen. Mit den Rouladenscheiben belegen.
11. Für die Creme Zucker, Zitronensaft, -schale und Eigelbe verrühren und unter Rühren bis zum Siedepunkt erhitzen. Die eingeweichte und ausgedrückte Gelatine darunterrühren. Die noch warme Masse mit Joghurt verrühren und die steifgeschlagene Sahne unterziehen.
12. Die Hälfte der Creme in die Form füllen und glattstreichen.
13. Die Himbeeren pürieren und durch ein Sieb streichen. Unter die zweite Hälfte der Creme rühren. Ebenfalls in die Form füllen, glattstreichen und die Masse mit einer Gabel marmorieren. Kühl stellen.
14. Den Mürbeteigboden auf die erstarrte Creme setzen, stürzen und das Pergamentpapier abziehen.
15. Die Torte mit Konfitüre bestreichen und mit Himbeeren garnieren.

Buttercremeschnitten

WARENKUNDE

Läuterzucker

Läuterzucker, auch Zuckersirup genannt, ist nichts weiter als in Wasser aufgelöster und klargekochter Zucker. Durch Kochen kann er unterschiedlich stark eingedickt werden. In der Patisserie kommt es darauf an, den genauen Konzentrationsgrad des Zuckersirups zu kennen. Die Messung geschieht am einfachsten mit Hilfe einer Zuckerwaage – einem Glasröhrchen, welches in den Sirup eingetaucht wird und je nach dem spezifischen Gewicht der Lösung absinkt. Die Konzentration kann dann in Beaume-Graden abgelesen werden. Erfahrene Profis wissen den Zustand der erhitzten Zuckerlösung aber auch zu bestimmen, indem sie auf verschiedene Weise deren Konsistenz prüfen. Zuckersirup wird unter anderem zum Dünsten von Obst, Tränken von Kuchen und bei der Herstellung von Speiseeis verwendet. Wenn man ihn sehr lange kocht, verfärbt sich der Sirup und verwandelt sich in Karamel.

ZUTATEN

Für den Teig:

4 Eigelbe
60 g Zucker
3 Eiweiße
40 g Mehl
10 g Speisestärke (z. B. Mondamin)
15 g Kakaopulver

Für die Buttercreme:

knapp 1/2 l Milch
60 g Zucker
1 Päckchen Vanillepuddingpulver
1 EL Puderzucker
300 g Butter
2 cl Amaretto
4 cl Zuckersirup

Außerdem:

80 g passierte Sauerkirschkonfitüre (2 EL)
50 g gehobelte geröstete Mandeln
10 Cocktailkirschen

KÜCHENGERÄTE

Backblech
Pergamentpapier
Schneebesen oder Handmixer
Holzspatel
Palette
2 Küchentücher
Kasserolle
2 große Schüsseln
Kochlöffel
Garnierkamm
Spritzbeutel mit Sterntülle Nr. 7
Backpinsel

ZEIT

Vorbereitungszeit:
10 Minuten

Backzeit:
10 Minuten

WICHTIGE TIPS

1. Zubereitung des Biskuitteigs siehe Grundrezept Seite 156/157.
2. Sollte die Buttercreme gerinnen, kann man sie mit 2 EL heißem Pflanzenfett wieder glattrühren.

ZUBEREITUNG BUTTERCREMESCHNITTEN

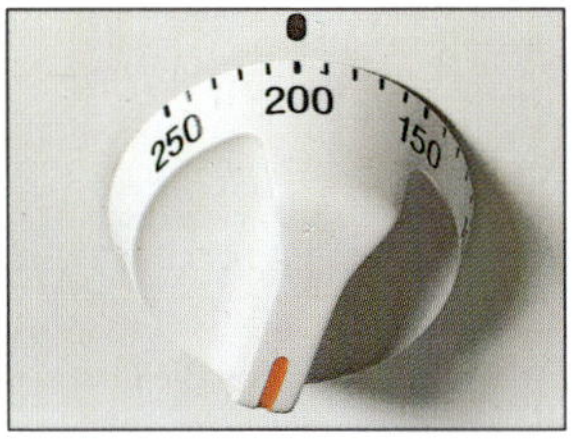

1. Backofen auf 200 Grad vorheizen.

2. Biskuitteig auf das Backblech streichen.

3. Auf mittlerer Schiene 10 Minuten backen.

4. Biskuitplatte in 3 Streifen à 10 cm Breite schneiden.

5. Biskuitstreifen mit Amaretto-Zuckersirup tränken.

6. Zwei Biskuitstreifen mit Konfitüre bestreichen.

7. Einen dieser Biskuitstreifen mit Buttercreme bestreichen.

8. Den anderen Biskuitstreifen daraufsetzen.

9. Rand und Oberfläche mit Sahnecreme einstreichen.

10. Rand mit Garnierkamm verzieren.

11. Mit Mandelblättchen bestreuen.

12. Sahnetupfen aufspritzen und mit Kirschen verzieren.

REZEPT

1. Das Backblech mit Pergamentpapier auslegen. Backofen auf 200 Grad vorheizen.
2. Die Eigelbe mit der Hälfte des Zuckers schaumig rühren. Die Eiweiße mit dem restlichen Zucker steif schlagen und unter die Eigelbmasse heben. Mehl, Mondamin und Kakaopulver darübersieben und unterziehen.
3. Den Teig auf das Pergamentpapier streichen und auf der mittleren Schiene ca. 10 Minuten backen.
4. Die Teigplatte auf ein Tuch stürzen und mit einem feuchten Tuch bedeckt erkalten lassen.
5. Das Pergamentpapier abziehen und die Biskuitplatte in 3 Streifen von je 10 cm Breite schneiden.
6. Für die Buttercreme Milch und Zucker aufkochen und das mit etwas Milch angerührte Puddingpulver einrühren. Unter ständigem Rühren gut aufkochen lassen. In eine Schüssel füllen und mit Puderzucker besieben, damit sich keine Haut bildet. Gut kühlen lassen.
7. Die Butter schaumig rühren und den Pudding eßlöffelweise darunterrühren.
8. Amaretto und Zuckersirup verrühren und die Biskuitplatten damit tränken.
9. Einen Streifen mit der Hälfte der Sauerkirschkonfitüre bestreichen. Etwas Buttercreme aufstreichen und die zweite Platte darauflegen. Ebenso verfahren, dann die dritte Platte darauflegen.
10. Rand und Oberfläche mit der Buttercreme einstreichen. Den Rand mit einem Garnierkamm verzieren und die Oberfläche mit den Mandeln bestreuen. Die restliche Buttercreme in einen Spritzbeutel mit Sterntülle Nr. 7 füllen und 10 Tupfen aufspritzen. Mit je 1 Cocktailkirsche garnieren.

VARIATION

Den Kuchen mit einer Mokkabuttercreme zubereiten.

Mokkabuttercreme

1. Von 1/2 l Milch 4 EL abnehmen und mit 45 g Speisestärke anrühren.
2. Die restliche Milch, 100 g Zucker und 1 Päckchen Vanillinzucker zum Kochen bringen, die angerührte Speisestärke unter Rühren dazugießen und kurz kochen lassen. Den Flammeri erkalten lassen. Ab und zu umrühren, damit sich keine Haut bildet.
3. 150 g Butter schaumig rühren. Nach und nach den abgekühlten Flammeri zusammen mit 2–3 TL Instant-Kaffeepulver und 2 EL Mokkalikör einrühren.

Schwarzwälder Kirschtorte

WARENKUNDE

Sauerkirschen
In der Backstube werden fast ausschließlich Sauer-kirschen (Weichseln) verwendet. Sie sind viel prägnanter im Geschmack als Süßkirschen und bewahren auch während des Backens einen großen Teil ihres Aromas. Die bekannteste Sauerkirsche ist wohl die »Schattenmorelle«, eine Baumweichsel. Ihr Name leitet sich von dem französischen Château Morel ab. Durch Verballhornung wurde »Schatten« daraus. Neben den Baumweichseln gibt es die Strauchweichseln. Dazu gehören die Amarellen, wie die »Diemitzer Amarelle«, »Ludwigs Frühe« oder die »Maraschka«, aus der in Jugoslawien und Italien der weltbekannte Maraschino-Likör destilliert wird.

ZUTATEN

Für den Teig:

7 Eier
250 g Zucker
150 g Mehl
50 g Speisestärke (z. B. Mondamin)
50 g Kakaopulver
60 g Butter

Für die Füllung:

460 g Kompott-Sauerkirschen
1/2 l Sauerkirschsaft
40 g Zucker
1/2 Zimtstange
2 gehäufte TL Speisestärke

Für die Garnitur:

3/4 l Sahne
60 g Zucker
6 cl Kirschwasser
4 cl Läuterzucker
Schokoladenspäne oder -röllchen
Puderzucker zum Garnieren

KÜCHENGERÄTE

Springform,
26 cm Durchmesser
2 große Schüsseln
Mehlsieb
Schneebesen
Tasse
Kochlöffel
Kasserolle
Palette
1 großes Sieb
Messer
Spritzbeutel mit
Lochtülle Nr. 10

ZEIT

Vorbereitungszeit:
1 Stunde 30 Minuten

Backzeit:
30–35 Minuten

Ruhezeit:
Über Nacht

WICHTIGE TIPS

1. Den Tortenboden nach Möglichkeit schon 1 Tag vorher backen – er läßt sich dann leichter schneiden. Luftdicht in Folie gewickelt hält er sich 1 Woche.
2. Statt 1/2 l Kirschsaft kann man auch nur 1/4 l Saft nehmen und dazu 1/4 l Rotwein. Ergibt eine besonders aromatische Note.

ZUBEREITUNG SCHWARZWÄLDER KIRSCHTORTE

1. Sauerkirschsaft mit Speisestärke binden.

2. Die Kirschen dazugeben und durchrühren.

3. Biskuitboden zweimal durchschneiden.

4. Boden dünn mit Sahne bestreichen.

5. Mit dem Spritzbeutel vier Sahneringe aufspritzen.

6. Die Zwischenräume mit Kirschen füllen.

7. Sahne darübergeben und glattstreichen.

8. Den zweiten Boden darauflegen.

9. Mit Sahne bestreichen.

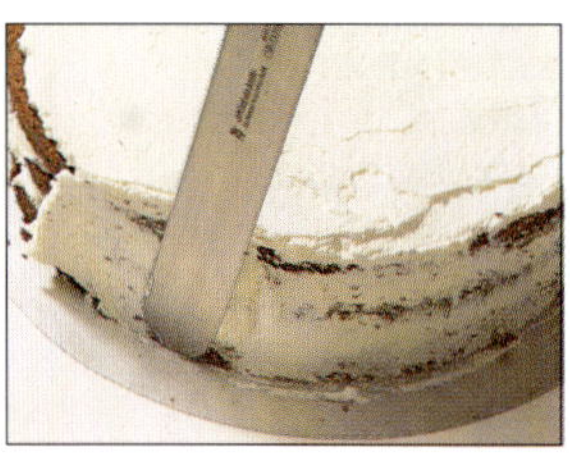

10. Rand mit Sahne einstreichen.

11. Mit Schokoraspeln und Sahnetupfen garnieren.

12. Die Sahnetupfen mit Kirschen garnieren.

REZEPT

1. Die Butter in einem kleinen Topf bei sanfter Hitze zerlassen.
2. Eigelbe mit dem Zukker im heißen Wasserbad dick und cremig schlagen. Aus dem Wasserbad nehmen.
3. Das Mehl durch ein Sieb auf die Eiercreme stäuben. Nicht rühren!
4. Die flüssige, nur lauwarme Butter dazugeben.
5. Das Eiweiß zu steifem Eischnee schlagen. Ein Drittel zum Teig geben und alles vorsichtig verrühren. Den restlichen Eischnee dazugeben und vorsichtig unterheben.
6. Backofen auf 190 Grad vorheizen.
7. Die Biskuitmasse in die Springform füllen und die Oberfläche glattstreichen. Auf der mittleren Schiene 30–35 Minuten backen. Über Nacht ruhen lassen.
8. Die Sauerkirschen in einem Sieb gut ablaufen lassen. 1/4 l des aufgefangenen Saftes mit dem Zucker und der Zimtstange aufkochen. Zimtstange herausnehmen und die Flüssigkeit mit der angerührten Speisestärke binden. Einige Male kräftig aufkochen lassen.
9. Die Kirschen dazugeben und vorsichtig umrühren, damit die Kirschen nicht zerdrückt werden. Nochmals aufwallen lassen, vom Herd nehmen und auskühlen lassen. 16 Kirschen für die Dekoration zurückbehalten.
10. Den erkalteten Biskuitboden vorsichtig mit einem Messer aus dem Ring lösen und zweimal durchschneiden.
11. Sahne und Zucker mischen und steifschlagen. Den ersten Boden dünn mit Sahne bestreichen, mit Spritzbeutel und Lochtülle Nr. 10 vier Ringe daraufspritzen.
Die Zwischenräume mit den kalten Sauerkirschen füllen, die Sahne glattstreichen.
12. Den zweiten Boden daraufsetzen und andrücken, mit der Mischung aus Kirschwasser und Läuterzucker gleichmäßig tränken.
13. Eine Sahneschicht daraufstreichen, mit dem dritten Boden abdecken, wieder tränken. Die Torte mit Sahne einstreichen.
14. Die Mitte der Torte mit Schokoladenspänen ausfüllen. An den Rand Rosetten spritzen und mit den Kirschen garnieren.

Sachertorte

WARENKUNDE

Aprikotur

Ein kurioser Rechtsstreit beschäftigte jahrelang die Wiener Gerichte. Es war darüber zu befinden, wann die Sachertorte wirklich ihren Namen verdiene – mit einer Schicht Aprikosenmarmelade in der Mitte (so die Hofzuckerbäckerei Demel) oder ohne dieselbe (wie das Hotel Sacher behauptete). Beide durften schließlich Sachertorten herstellen, jedoch nur das Hotel Sacher den Zusatz »Original« verwenden. Völlig unstrittig war übrigens die Plazierung der Aprikotur – erhitzte und passierte Aprikosenmarmelade –, die zum Isolieren nicht nur von Sachertorten gebraucht wird. Sie befindet sich stets unterhalb der Schokoladenglasur.

ZUTATEN

120 g Kuvertüre
120 g Butter
120 g Puderzucker
6 Eier
1 Vanilleschote
Salz
80 g Mehl
120 g fein geriebene Mandeln
100 g Aprikosenkonfitüre
Aprikotur zum Bestreichen
300 g Fettglasur
weiße Kuvertüre (für den Schriftzug)
kandierte Veilchen für die Garnitur

KÜCHENGERÄTE

Springform,
22 cm Durchmesser
1 kleine Metallschüssel
Handmixer oder
Schneebesen
1 große Schüssel
1 kleine und
1 große Kasserolle
Teigschaber
Holzspatel
1 Sieb
Backpinsel
Papierspritzbeutel

ZEIT

Vorbereitungszeit:
40 Minuten

Backzeit:
50 Minuten

Ruhezeit:
Über Nacht; 2 Stunden

WICHTIGE TIPS

1. Wie man einen Papierspritzbeutel selbst herstellt, erfahren Sie auf Seite 19.
2. Den Rand der Springform beim Biskuitteig nicht einfetten, damit sich der Kuchen beim Backen nicht wölbt. Nach dem Backen den Biskuitboden mit einem scharfen Messer vom Springformrand lösen.

ZUBEREITUNG SACHERTORTE

1. Kuvertüre in einer kleinen Schüssel im Wasserbad auflösen.

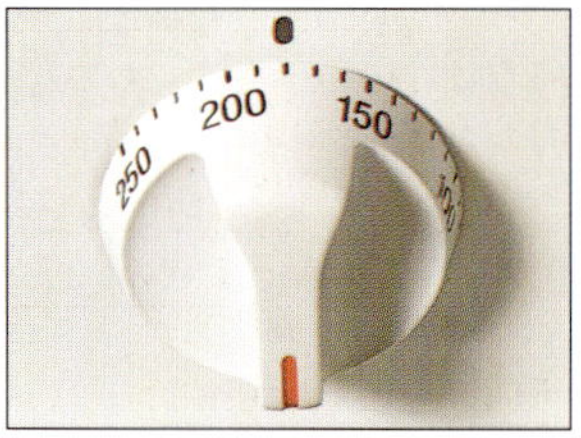

2. Backofen auf 180 Grad vorheizen.

3. Vanilleschote aufschneiden und das Mark auskratzen.

4. Butter, Puderzucker, Eigelb, Vanillemark und Salz schaumig rühren.

5. Lauwarme Kuvertüre unterrühren.

6. Mandelmischung unterheben.

7. Teig in die Form füllen.

8. Auf mittlerer Schiene 50 Minuten backen.

9. Torte mit einem Tortenmesser durchschneiden.

10. Boden mit der Aprikosenkonfitüre bestreichen.

11. Obere Hälfte daraufsetzen und aprikotieren.

12. Sacherschriftzug aufspritzen.

REZEPT

1. Die Kuvertüre im Wasserbad auflösen und warm halten.
2. Die Eier trennen. Butter mit 1/3 des Puderzuckers und dem Eigelb schaumig rühren. Das Mark der Vanilleschote, das Salz und die lauwarme Kuvertüre unterrühren. Eiweiß mit dem restlichen Zucker steif schlagen und unterheben. Mehl und Mandeln mischen und locker unter die Masse heben.
3. Backofen auf 180 Grad vorheizen. Die Springform fetten und mit Bröseln ausstreuen.
4. Den Teig einfüllen und 50 Minuten backen.
5. Die Torte über Nacht abkühlen lassen, am nächsten Tag einmal durchschneiden und mit der passierten Aprikosenkonfitüre bestreichen. Die Torte zusammensetzen und dünn aprikotieren.
6. Die Fettglasur im Wasserbad auflösen und die Torte damit überziehen.
7. Die weiße Kuvertüre ebenfalls im Wasserbad auflösen, in einen kleinen Papierspritzbeutel füllen und den Schriftzug anbringen. Mit den kandierten Veilchen garnieren.

VARIANTE

Die Torte mit Schokoladencreme füllen.

Schokoladencreme

1. Von 1/8 l Milch 1 EL Milch abnehmen und mit 15 g Speisestärke anrühren.
2. Restliche Milch, 25 g gehackte Halbbitter-Schokolade und 25 g Zucker zum Kochen bringen, die angerührte Speisestärke unter Rühren dazugießen und kurz kochen lassen. Den Flammeri erkalten lassen, dabei ab und zu umrühren, damit sich keine Haut bildet.
3. 35 g Butter schaumig schlagen. Den abgekühlten Flammeri mit 1/2 TL Kakaopulver und 1 EL Aprikosenlikör nach und nach einrühren.

Rüblitorte

WARENKUNDE

Lebensmittelfarbe

»Das Auge ißt mit«, lautet ein altes Sprichwort. Diese verkaufsfördernde Erkenntnis macht sich die Lebensmittelindustrie zunutze, indem sie ihren Produkten mit Speisefarben ein besonders attraktives Aussehen verleiht.
Seit man weiß, daß einige synthetisch hergestellte Lebensmittelfarben gesundheitsschädliche Wirkungen haben können, sind nur noch wenige Substanzen zugelassen. Speisen lassen sich ja auch problemlos auf natürliche Weise färben. Hervorragende farbliche Effekte bei Garnierungen und Dekorationen erzielt man etwa mit roten Rüben oder schwarzen Johannisbeeren, die ein intensives Rot ergeben. Eigelb oder Safran färben Speisen gelb, Karamel braun. Zum Grünfärben von Saucen und Cremes dient Spinatmatte, das sind im Mixer zerkleinerte Spinatblätter, die durch ein Tuch gepreßt und kurz erhitzt werden. Die gelbe Flüssigkeit ergibt einen schönen grünen Farbton.

ZUTATEN

Für den Teig:

250 g junge Karotten
250 g Zucker
1 Messerspitze Salz
abgeriebene Schale einer unbehandelten Zitrone
6 Eigelb
6 Eiweiß
300 g ungeschälte, geriebene Mandeln
100 g Weizenvollkornmehl

Für die Garnierung:

150 g Aprikotur
150 g Fondant oder Eiweißglasur
60 g gehobelte, geröstete Mandeln

Für die Marzipankarotten:

100 g Marzipanrohmasse
50 g Puderzucker
einige Tropfen rote und gelbe Speisefarbe
Pistazien

KÜCHENGERÄTE

Springform,
24 cm Durchmesser
Backpapier
Gemüsereibe
2 große Schüsseln
Handmixer oder
Schneebesen
Holzspatel
Backpinsel
Messer

ZEIT

Vorbereitungszeit:
2 Stunden

Backzeit:
55 Minuten

Ruhezeit:
Über Nacht

WICHTIGE TIPS

1. Die Karotten müssen sehr fein gerieben werden. Sind sie zu grob oder in zu lange Fäden geraffelt, läßt sich die Torte später schlecht schneiden.
2. Die Torte sollte mindestens eine Nacht ruhen, bevor sie aus der Form genommen und gestürzt wird, so daß die glatte Unterseite nach oben kommt.

ZUBEREITUNG RÜBLITORTE

1. Karotten fein reiben.

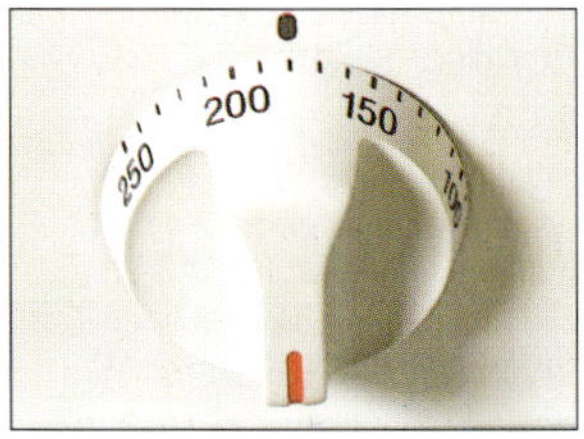

2. Backofen auf 180 Grad vorheizen.

3. Karotten mit Mandeln und Mehl mischen.

4. Mandelmischung und restlichen Eischnee unter die Eiermasse geben.

5. Teig in die vorbereitete Form füllen.

6. Auf mittlerer Schiene 55 Minuten backen.

7. Die Torte stürzen und mit heißer Aprikotur bestreichen.

8. Mit Fondant oder Eiweißglasur überziehen.

9. Rand mit Mandelblättchen bestreuen.

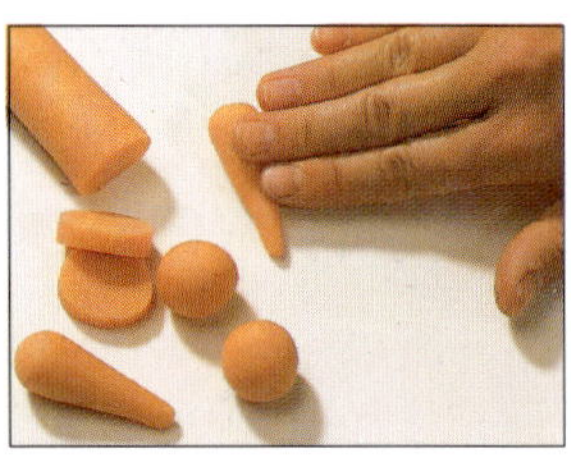

10. Aus der Marzipanmasse Karotten formen.

11. Kerben einschneiden und die Karotten mit Pistazien garnieren.

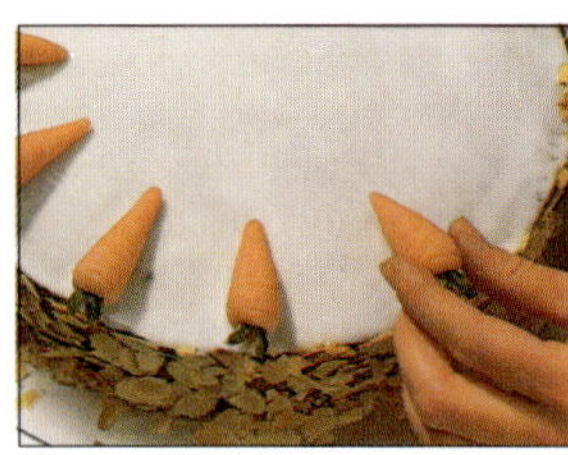

12. Marzipankarotten auf die fertige Torte geben.

REZEPT

1. Den Boden der Springform mit Backpapier auslegen, den Ring darüber fest schließen.
2. Die geputzten Karotten sehr fein reiben.
3. 1/3 des Zuckers, das Salz und die abgeriebene Zitronenschale in einer Schüssel mit dem Eigelb schaumig rühren. Das Eiweiß mit dem restlichen Zucker zu steifem Schnee schlagen.
4. Backofen auf 190 Grad vorheizen.
5. Die geriebenen Mandeln mit Weizenvollkornmehl und Karotten mischen.
6. Zuerst etwa 1/3 des Eischnees unter die Eigelbmasse rühren. Den übrigen Schnee zugeben und die Mandelmischung darüberschütten. Die Masse vorsichtig melieren und in die vorbereitete Form füllen.
7. Auf der mittleren Schiene etwa 55 Minuten backen.
8. Über Nacht ruhen lassen. Dann aus der Form stürzen.
9. Aprikosenmarmelade erhitzen und durch ein Sieb streichen.
10. Oberfläche und Rand der Torte mit der heißen Aprikotur einstreichen. Die Oberfläche zusätzlich mit Fondant oder Eiweißglasur bestreichen. Den Rand mit den gehobelten, gerösteten Mandeln bestreuen.
11. Für die Karotten die Marzipanrohmasse mit dem Puderzucker verkneten und mit einigen Tropfen roter und gelber Speisefarbe einfärben. Zu kleinen Karotten formen. Die Pistazien in Stifte schneiden und als Grün an den Karotten anbringen. Die Torte damit garnieren.

VARIATION

Schneiden Sie die Rüblitorte zweimal durch und füllen sie mit einer Zitronencreme.

Zitronencreme

1. Den Saft von 3 Zitronen mit 1/4 l Wasser und 100 g Zucker aufkochen.
2. 1 Eigelb mit 25 g Speisestärke und 2 EL Wasser glattrühren und das kochende Zitronenwasser damit binden.
3. 3 Blätter Gelatine einweichen und in der heißen Masse auflösen. 1 Eiweiß steifschlagen und unterheben. Wenn die Creme zu erstarren beginnt, 1 Becher steifgeschlagene süße Sahne unterrühren. Creme erkalten lassen.

Mandel-Schokotorte

WARENKUNDE

Vanille

Die Orchidee ist die Königin der Blumen, Vanille die Königin der Gewürze. Mit dem schwarzen Mark aus den Fruchtschoten einer tropischen Orchideenart würzten schon die Azteken ihren göttlichen Kakaotrunk. Wie den Kakao brachten die Spanier auch die Vanille nach Europa und besaßen über 300 Jahre ein Handelsmonopol auf das kostbare Gewürz.
Zur Gewinnung der Vanille werden die Fruchtkapseln der *Vanilla planifolia* noch vor ihrer Reife geerntet. Sie werden mit heißem Wasser übergossen und, dicht in Behälter gepackt, der heißen Tropensonne ausgesetzt. Nach einigen Wochen nehmen die Stangen ihre charakteristische schwarzbraune Farbe an, werden weich und biegsam. Herkunftsländer der Vanille sind heute die Inseln Madagaskar, Réunion, die Komoren und Indonesien.
Vanille entfaltet erst in Verbindung mit Zucker ihr unvergleichliches Aroma.

ZUTATEN

Für den Mürbeteigboden:

150 g Mehl
90 g Butter
50 g Puderzucker
1 Eigelb

Für den Biskuitteig:

50 g Marzipanrohmasse
8 Eigelb
Mark einer halben Vanilleschote
100 g Zucker
4 Eiweiß
70 g Mehl
40 g Kakaopulver
50 g geriebene, geschälte Mandeln

Für die Vanillebuttercreme:

140 g Zucker
40 g Speisestärke
3 Eigelb
1/2 l Milch
1 Vanilleschote
350 g Butter
70 g Marzipanrohmasse
4 cl Mandellikör (Amaretto)

Für die Garnierung:

80 g Johannisbeerkonfitüre
100 g Marzipanrohmasse
70 g Puderzucker
120 g temperierte Kuvertüre
16 Makronen zum Garnieren

KÜCHENGERÄTE

Backblech, Mehlsieb
Messer, Gabel
Tortenring, 26 cm Durchmesser, 5 cm hoch
1 kleine und 2 große Schüsseln
Schneebesen
Holzspatel
Pergamentpapier
Kasserolle
Kochlöffel, Palette
1 großes Sieb
Lineal, Backpinsel
Spritztüte mit Sterntülle Nr. 11

ZEIT

Vorbereitungszeit:
1 Stunde 30 Minuten

Backzeit:
20 Minuten

Ruhezeit:
1 Stunde

WICHTIGE TIPS

1. Zubereitung des Mürbe- und des Biskuitteigs siehe Grundrezepte Seite 52/53 und 156/157.
2. Für die Vanillebuttercreme Eigelb und Eiweiß sehr sorgfältig trennen, weil Eiweißreste beim Aufkochen der Creme sofort Klümpchen hinterlassen.
3. Butter und Vanillecreme müssen dieselbe Temperatur haben. Wird die Butter zu kalt zugesetzt, kann die Creme gerinnen.

ZUBEREITUNG MANDEL-SCHOKOTORTE

1. Marzipan mit einer Gabel zerdrücken.

2. Den Biskuitteig mit der Hälfte der Buttercreme bestreichen.

3. Biskuit in 4 cm schmale Streifen schneiden.

4. Mürbeteigboden mit Konfitüre bestreichen.

5. Biskuitstreifen von der Mitte aus aufrollen.

6. Restliche Buttercreme daraufgeben und glattstreichen.

7. Marzipandeckel auflegen und mit Kuvertüre bestreichen.

8. Mit der Palette ein Muster einziehen.

9. Tortenstücke vorschneiden.

10. Deckel auf die Torte setzen.

11. Mit der Spritztüte Rosetten spritzen.

12. Rosetten mit den Makronen verzieren.

REZEPT

1. Mehl, weiche Butter, Puderzucker und Eigelb rasch zu einem glatten Teig verkneten und zu einer Kugel formen. In Folie hüllen und 1 Stunde in den Kühlschrank legen.
2. Backofen auf 200 Grad vorheizen.
3. Den Teig auf einer bemehlten Arbeitsfläche ausrollen und mit dem Tortenring einen Boden ausstechen. Auf dem gefetteten Backblech 8–10 Minuten auf der mittleren Schiene backen.
4. Die Marzipanrohmasse mit 2 Eigelben cremig verrühren, dann übriges Eigelb, Vanillemark und 1/3 des Zuckers zugeben. Die Masse schaumig rühren. Eiweiß mit restlichem Zucker zu steifem Schnee schlagen. Mehl mit Kakaopulver sieben, mit den Mandeln mischen.
5. 1/3 des Eischnees unter die Eigelbmasse rühren, dann den Rest unterheben. Die Mehlmischung vorsichtig unterziehen.
6. Backofen auf 230 Grad vorheizen.
7. Das Backblech mit Pergamentpapier auslegen, die Masse daraufstreichen und auf der mittleren Schiene etwa 10 Minuten backen. Nach dem Backen auf ein leicht feuchtes Tuch stürzen.
8. Für die Vanillebuttercreme die Hälfte des Zuckers zusammen mit der Speisestärke in eine kleine Schüssel geben. Die Eigelbe und etwa 1/4 der Milch zugießen. Mit einem kleinen Schneebesen sehr sorgfältig verrühren.
9. In der Zwischenzeit die Milch mit der zweiten Zuckerhälfte in einem entsprechend großen Topf mit der aufgeschnittenen und ausgeschabten Vanilleschote zum Kochen bringen. Die angerührte Speisestärke unter Rühren nach und nach in die kochende Milch gießen. Einige Male kräftig aufkochen lassen, dabei gleichmäßig mit dem Schneebesen durchrühren. Die Vanillecreme zum Erkalten in eine Schüssel gießen und die Oberfläche mit Puderzucker besieben.
10. Die kalte, feste Vanillecreme durch ein Sieb streichen, damit sie wieder geschmeidig wird. Die Butter schaumig rühren und mit der passierten Vanillecreme mischen.
11. Marzipanrohmasse mit Mandellikör vermischen. Die Hälfte der Vanillebuttercreme damit verrühren.
12. Das Pergamentpapier vom Schokoladenbiskuit abziehen und die Buttercreme gleichmäßig stark aufstreichen. Mit einem Lineal in Abständen von 4 cm Markierungen in die Creme ritzen und danach möglichst gleichmäßige Streifen schneiden. Dabei darauf achten, daß an den Seiten wenig Abfall entsteht, weil die Biskuitmenge genau dem Torteninhalt entspricht.
13. Den ersten Streifen aufrollen und diese Roulade in die Mitte des Mürbeteigbodens setzen, der mit der passierten Johannisbeerkonfitüre bestrichen wurde. Dann die übrigen Streifen nacheinander um die Roulade legen. Die Enden so eng wie möglich zusammenschieben, damit nachher der Anschnitt ein schönes, einheitlich gestreiftes Bild aufweist.
14. Die Torte mit dem Tortenring umschließen. Die Oberfläche der Torte mit etwas Buttercreme einstreichen. Im Kühlschrank fest werden lassen.
15. Den Ring mit einem Messer vorsichtig lösen und abnehmen. Den Rand der Torte ebenfalls mit Buttercreme einstreichen.
16. Marzipanrohmasse und Puderzucker verkneten und auf Puderzucker ausrollen. Mit dem Tortenring einen Marzipandeckel ausstechen. Mit Kuvertüre bestreichen und, solange sie noch weich ist, mit dem Messer ein Gitter einritzen. Tortenstücke vorschneiden, Deckel auf die Torte legen.
17. Restliche Buttercreme in die Spritztüte füllen. 16 Buttercreme-Rosetten auf die Torte spritzen und jede mit 1 Makrone verzieren.

Punschtorte

WARENKUNDE

Rum
Wer Süßes mit Geist würzen will, der greift am besten zum Rum. Denn Rum verträgt sich mit fast allen anderen Geschmacksrichtungen und steigert sogar oft noch ihre Wirkung.
Rum der besten Qualität wird direkt aus Zuckerrohr gewonnen. Grundstoff für weniger wertvolle Rumsorten ist die Melasse ein Rückstand bei der Zuckerproduktion. Aus der Fülle der angebotenen Marken sollte man für die Küche stets die beste auswählen. Also auf keinen Fall zum deutschen Rumverschnitt greifen, einer Mischung aus hochkonzentriertem Rum, reinem Alkohol und Wasser. Rum weist in der Regel einen Alkoholgehalt von 40 bis 50, manchmal auch bis zu 80 Vol.% auf. Ursprünglich ist das Destillat klar (weißer Rum), es wird aber oft auch mit Zuckercouleur braun gefärbt angeboten.

ZUTATEN

Für den Teig:

5 Eier
2 Eigelb
150 g Zucker
1/2 TL abgeriebene Zitronenschale
150 g Mehl
30 g Speisestärke (z. B. Mondamin)
90 g lauwarme Butter

Für die Füllung:

200 g passierte Johannisbeerkonfitüre
5 cl Läuterzucker
4 cl frisch gepreßter Orangensaft
4 cl brauner Rum

Für den Belag:

180 g Aprikosenkonfitüre
100 g Marzipanrohmasse
70 g Puderzucker
150 g Fondant
2 cl brauner Rum
Zuckercouleur zum Färben
100 g gehobelte, geröstete Mandeln
16 halbe rote Belegkirschen

KÜCHENGERÄTE

Tortenring, 26 cm Durchmesser
Pergamentpapier
Metallschüssel
Schneebesen
Mehlsieb
Holzspatel, Palette
1 Kasserolle
1 kleine Schüssel
Aluscheibe, Backpinsel
Teigkärtchen
1 kleines Sieb
Spritztüte (siehe Seite 19)
feuchtes Tuch, Schere

ZEIT

Vorbereitungszeit:
1 Stunde 30 Minuten

Backzeit:
30-35 Minuten

Ruhezeit:
Über Nacht; 2 Stunden

WICHTIGE TIPS

1. Der Biskuitboden läßt sich leichter durchschneiden, wenn man ihn eine Nacht ruhen läßt.
2. Beim Erwärmen von Fondant darauf achten, daß die Wassertemperatur nicht höher als 40 Grad ist. Der Fondant verliert sonst nach dem Trocknen seinen Glanz und kristallisiert. Den Fondant während des Erwärmens ständig rühren.

ZUBEREITUNG PUNSCHTORTE

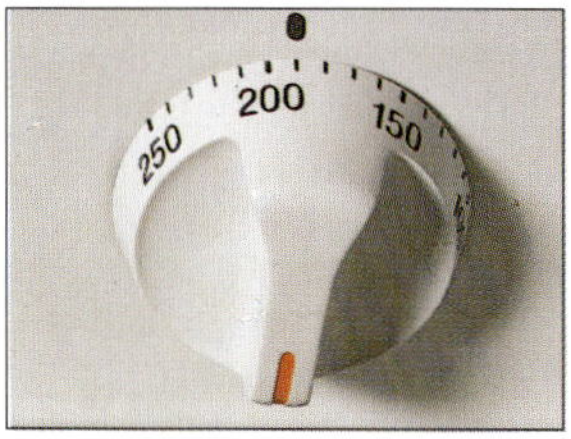

1. Backofen auf 190 Grad vorheizen.

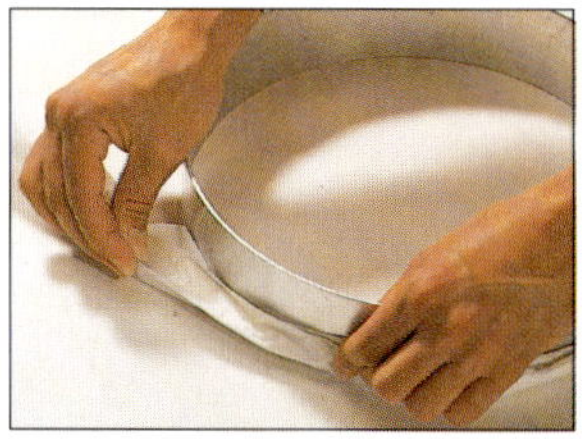

2. Tortenring mit Pergamentpapier einschlagen.

3. Eier mit Zucker schaumig schlagen.

4. Eiermasse im Wasserbad warm schlagen.

5. Eiermasse kalt schlagen.

6. Mehl und Stärke hinzufügen.

7. Butter zugießen und mit Holzspatel durchrühren.

8. Teig in der vorbereiteten Form glattstreichen.

9. Auf mittlerer Schiene 30 Minuten backen.

10. Pergamentpapier abziehen.

11. Biskuitboden aus dem Tortenring lösen.

12. Boden zweimal durchschneiden.

13. Zwei Böden mit Läuterzucker, Rum und Orangensaft tränken.

14. Marzipandeckel obenauflegen.

15. Mit Aprikosenkonfitüre bestreichen.

16. Mit Fondant bestreichen.

17. Spirale aus Rum-Fondant aufspritzen.

18. Mit der Palette ein Muster ziehen.

REZEPT

1. Backofen auf 190 Grad vorheizen. Den Tortenring in Papier einschlagen.
2. Eier und Eigelbe mit Zucker und abgeriebener Zitronenschale in einer Metallschüssel im Wasserbad aufschlagen, bis die Masse lauwarm ist.
3. Die Masse kalt schlagen, bis sie deutlich an Volumen zugenommen hat.
4. Nacheinander Mehl mit der Speisestärke und lauwarme Butter unter die Biskuitmasse ziehen.
5. In die Form füllen und 30–35 Minuten backen.
6. Den gebackenen Boden erkalten lassen.
7. Das Papier vorsichtig abziehen und den Boden aus dem Ring lösen. Den Boden zweimal durchschneiden.
8. Die beiden unteren Böden mit einer Mischung aus Läuterzucker, Orangensaft und Rum tränken, dann mit Johannisbeerkonfitüre bestreichen.
9. Die drei Böden aufeinandersetzen, eine Aluscheibe darauflegen und mit einem Gewicht von etwa 2 kg beschweren. 1–2 Stunden ruhen lassen.
10. Aprikosenkonfitüre glattrühren und die Torte damit einstreichen.
11. Marzipanrohmasse mit dem gesiebten Puderzucker gut verkneten und auf Puderzucker gleichmäßig dünn ausrollen. Mit dem Tortenring eine Platte ausstechen, auf die Torte legen und die Marzipanplatte mit der restlichen Aprikosenkonfitüre dünn bestreichen.
12. Fondant mit dem Rum verrühren und im Wasserbad bis auf 35 Grad erwärmen. 1 Eßlöffel abnehmen, mit Zuckercouleur färben und in eine kleine Spritztüte füllen. Die Spitze abschneiden.
13. Den restlichen Fondant auf der Tortenoberfläche verstreichen.
14. Auf die noch weiche Fondantdecke mit der Spritztüte eine Spirale aus dem braunen Fondant spritzen.
15. Dann mit einer Palette das Muster ziehen. Nach jedem Zug die Klinge mit einem feuchten Tuch abwischen. Mit Mandeln und Kirschen verzieren.

Biskuittörtchen

WARENKUNDE

Purpurgranadilla
Wie die beliebte Maracuja zählt auch die Purpurgranadilla zu den Früchten der bizarren Passionsblume, einer tropischen und subtropischen Pflanze mit mehr als 400 Arten. Passionsfrüchte gibt es in unterschiedlichen Größen und Formen, rund oder oval, in der Farbe gelblich, purpurfarben, weinrot bis dunkelbraun, die Schale glatt bis runzelig. Sie besitzen ein großes Kerngehäuse mit bis zu 200 schwärzlichen Kernen, die von dem geleeartigen, sehr aromatischen Fruchtfleisch umgeben sind. In der Küche wird diese Masse durch ein Sieb passiert, um die Kerne zurückzuhalten. Sie eignet sich ideal, um kalten und warmen Speisen eine exotische Note zu geben.

ZUTATEN
für 6 Törtchen

Für den Teig:
5 Eigelbe
110 g Zucker
1 Messerspitze Salz
abgeriebene Schale einer 1/2 unbehandelten Zitrone
4 Eiweiße
40 g Speisestärke (z. B. Mondamin)
70 g Mehl
40 g flüssige Butter

Für die Fülle:
8 Purpurgranadillas (ergibt 150 ml Saft)
50 g Zucker
6 Blatt weiße Gelatine
1/2 l Sahne
Puderzucker zum Besieben

KÜCHENGERÄTE

Backblech
Backpapier
Schneebesen
2 große Schüsseln
Mehlsieb, Holzspatel
Spritztüte mit Lochtülle Nr. 7
Küchentuch
Teigschaber
Pürierstab
1 großes und 1 kleines Sieb
Kasserolle, Kochlöffel
Aluminiumfolie
Draht zum Musterbrennen

ZEIT

Vorbereitungszeit:
1 Stunde 40 Minuten

Backzeit:
10 Minuten

WICHTIGE TIPS

1. Zubereitung des Biskuitteigs siehe Grundrezept Seite 156/157.
2. Damit die Biskuittörtchen gleich groß werden, mit Bleistift und Schablone Kreise von 14 cm Ø auf das Backpapier aufzeichnen.
3. Biskuittörtchen eignen sich sehr gut zum Einfrieren.

ZUBEREITUNG BISKUITTÖRTCHEN

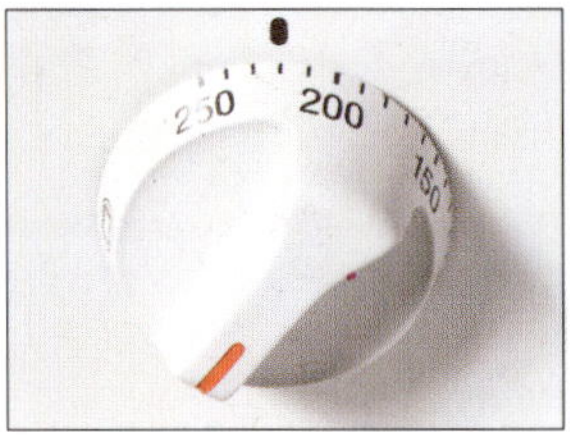

1. Backofen auf 220 Grad vorheizen.

2. Biskuitmasse in den Spritzbeutel füllen.

3. 12 Kreise à 14 cm Durchmesser auf das Backpapier spritzen.

4. Auf mittlerer Schiene 10 Minuten backen.

5. Biskuit mit dem Backpapier stürzen.

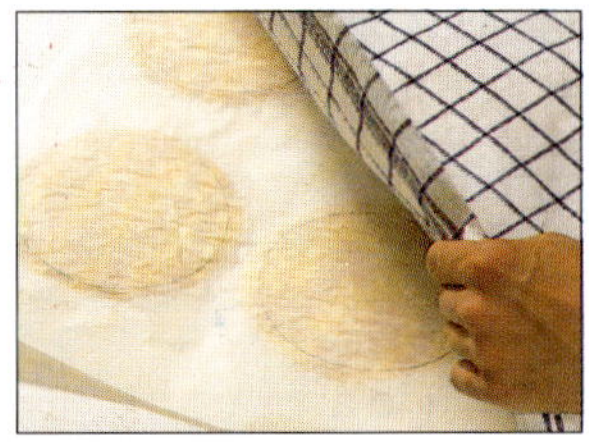

6. Mit einem Tuch abdecken und erkalten lassen.

7. Backpapier abziehen.

8. Purpurgranadilla mit dem Mixstab pürieren.

9. Fruchtpüree durch ein Sieb streichen.

10. Um sechs Biskuitböden Aluringe legen.

11. Creme auf den Törtchen verteilen.

12. Die restlichen Biskuitböden als Deckel daraufsetzen.

REZEPT

1. Eigelb mit 1/4 des Zuckers schaumig rühren und die Gewürze zugeben. Eiweiß steif schlagen und nach und nach den restlichen Zucker einrieseln lassen. 1/3 des Eischnees unter die Schaummasse rühren. Die Speisestärke mit dem Mehl sieben und mit dem restlichen Eischnee unterziehen. Die flüssige Butter untermelieren.
2. Backofen auf 220 Grad vorheizen.
3. Masse in eine Spritztüte mit Lochtülle Nr. 7 füllen und auf das mit Backpapier ausgelegte Backblech 12 Kreise von je 14 cm Ø aufspritzen.
4. Auf der mittleren Schiene etwa 10 Minuten backen. Auf eine Arbeitsplatte stürzen und mit einem Tuch abdecken. Erkalten lassen und das Papier abziehen.
5. Die Purpurgranadillas halbieren, das Fruchtfleisch mit einem Löffel herauslösen und in eine Schüssel geben. Mit dem Mixer pürieren. Durch ein Sieb streichen.
6. Den aufgefangenen Saft mit dem Zucker aufkochen und die eingeweichte, aufgelöste Gelatine unterrühren. Abkühlen lassen, bis die Masse leicht andickt.
7. Aus fester Alufolie Ringe formen und diese um 6 Biskuitböden legen.
8. Die Sahne steif schlagen und unter die Fruchtmasse heben. Sofort auf die Biskuitböden verteilen und die restlichen Biskuitböden als Deckel daraufsetzen. Im Kühlschrank fest werden lassen.
9. Die Aluringe mit einem spitzen Messer ablösen. Die Biskuittörtchen mit Puderzucker besieben und mit einem heißen Draht ein Muster einbrennen.

VARIATION

Nach dem Backen Biskuit stürzen und das Backpapier abziehen. Sofort zur Hälfte überklappen und dann erst erkalten lassen. Biskuit mit Aprikosencreme füllen.

Aprikosencreme

1. 500 g Aprikosen aus der Dose abtropfen lassen. Einige zum Verzieren zurückbehalten. Restliche Aprikosen pürieren, in einen Topf geben und aufkochen lassen.
2. 6 gestrichene EL Speisestärke mit 6 EL Aprikosensaft anrühren und die Aprikosen damit binden. Erkalten lassen.
3. 200 ml süße Sahne steifschlagen und unter die Aprikosen ziehen.

Baisertorteletts

WARENKUNDE

Eier

Schon vor vielen Jahrtausenden war das Ei in allen Kulturen das Symbol der Fruchtbarkeit, des Lebens schlechthin.
Und Eier sind tatsächlich eines der hochwertigsten Nahrungsmittel überhaupt. Sie enthalten alles, was der Organismus zum Leben braucht.
Zum Kuchenbacken sind Eier ein unentbehrlicher Rohstoff. Das Eiklar besitzt ein gutes Schaumbildungsvermögen und macht das Gebäck locker. Außerdem enthält es Glanzstoffe, die zur Verschönerung des Backgutes beitragen. Eigelb reichert das Gebäck mit wertvollen Nährstoffen an, macht es mürber und schmackhafter und verleiht dem Teig eine kräftigere Farbe.
Eier gibt es EG-einheitlich in verschiedenen Güte- und Gewichtsklassen.
Ob braun oder weiß – die Farbe hat mit der Qualität der Eier nichts zu tun.

ZUTATEN

für 25–30 Stücke
(je nach Größe)

1/4 l Eiweiß (von etwa 8 Eiern)
250 g Zucker
200 g Puderzucker
30 g Speisestärke (z. B. Mondamin)
100 g Kuvertüre
Früchte zum Belegen (z.B. Johannisbeeren, Kirschen, Pfirsiche)

KÜCHENGERÄTE

Backblech
Pergamentpapier
Förmchen, Bleistift
Handmixer oder Küchenmaschine
Holzspatel
Spritztüte mit Sterntülle Nr. 11
Holzkochlöffel
Backpinsel

ZEIT

Vorbereitungszeit:
1 Stunde

Backzeit:
3 Stunden

WICHTIGE TIPS

1. Baisermasse wird bei niedriger Temperatur mehr getrocknet als gebacken. Kleine Gebäckstücke sollten nach dem Backen noch über Nacht im abgeschalteten Ofen zum Trocknen bleiben.
2. Baiserböden können auch auf Vorrat gebacken und an einem absolut trockenen Ort gelagert werden. Sie müssen jedoch gut separat verpackt werden, da sie sehr leicht fremde Gerüche annehmen.

ZUBEREITUNG BAISERTORTELETTS

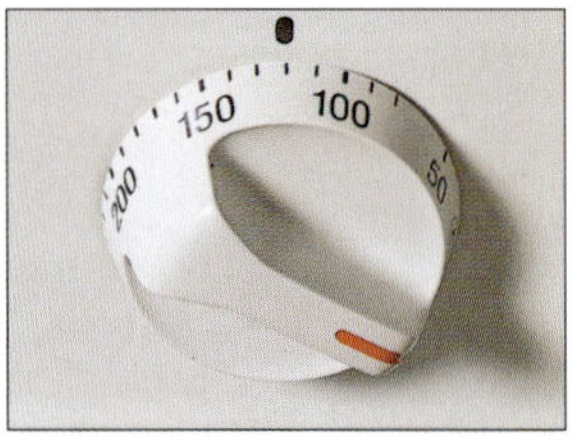

1. Backofen auf 120 Grad vorheizen.

2. Eiweiß in der Küchenmaschine steif schlagen.

3. Zucker langsam zugeben.

4. Konsistenz prüfen: Der Eischnee muß schnittfest sein.

5. Puderzucker und Stärke mit dem Holzspatel untermelieren.

6. Baisermasse in die Spritztüte füllen.

7. Kreise auf das Pergamentpapier zeichnen.

8. Baisermasse auf die vorgezeichneten Kreise spritzen.

9. Obenauf Tupfen spritzen.

10. Auf mittlerer Schiene 3 Stunden backen.

11. Torteletts mit flüssiger Kuvertüre ausstreichen.

12. Torteletts mit dem Obst belegen.

REZEPT

1. Backofen auf 120 Grad vorheizen.
2. Die Eiweiße steif schlagen (am besten mit dem Rührbesen der Küchenmaschine) und unter ständigem Schlagen langsam den Kristallzucker einrieseln lassen. Den Puderzucker mit der Speisestärke über den Eischnee sieben und mit dem Holzspatel – keinesfalls mit dem Rührbesen des Gerätes – unter den Eischnee heben.
3. Die Baisermasse in einen Spritzbeutel mit Sterntülle Nr. 11 füllen.
4. Das Backblech mit Pergamentpapier auslegen. Am einfachsten zeichnet man sich zuvor mit Bleistift die gewünschten Formen in entsprechendem Abstand auf das Pergamentpapier und füllt sie dann mit der Schaummasse aus.
5. Die Baisermasse auf der mittleren Schiene ca. 3 Stunden trocknen lassen. Die Tür des Backofens muß während dieser Zeit durch einen Kochlöffelstiel einen Spalt offengehalten werden.
6. Die Kuvertüre auflösen (siehe Seite 18) und die Torteletthöden damit bestreichen und trocknen lassen. Mit den vorbereiteten Früchten belegen.

VARIATIONEN

1. Baiserschalen, -tortelettes und -kuchenböden können beliebig mit Sahne, Obst oder Eiscreme gefüllt werden.
2. Schokoladenbaiser: Bei der Zubereitung der Baisermasse 2 EL Kakaopulver mit dem Puderzucker mischen.

Roggenbrot

WARENKUNDE

Roggenmehl

Neben der Getreidesorte ist der Zerkleinerungsgrad des Korns ein wichtiges Merkmal zur Unterscheidung von Mehlarten. In der Mühle wird das Korn zunächst geschält (Ausnahme: Vollkornmehl) und damit weitgehend von den ballaststoff- und vitaminreichen Randschichten befreit. Der gereinigte Mehlkörper wird dann in bis zu zwanzig Arbeitsgängen stufenweise zerkleinert: zunächst in grobe Stücke, die Schrot genannt werden. Etwas feiner ausgemahlen wird Gries daraus, dann der puderfeine Dunst. Endstufe der Zerkleinerung ist schließlich der Staub.
Roggenmehl kann in Hefebroten und -brötchen bis zur Hälfte des Weizenmehls ersetzen. Ausschließlich mit Roggenmehl kann man nicht backen, weil im Roggen der Kleberanteil zu gering ist. Übrigens bekommt auch Mürbeteiggebäck durch einen gewissen Anteil an Roggenmehl einen angenehm herzhaften Geschmack.

ZUTATEN

Für den Sauerteig:

2 Handvoll Roggenmehl
Wasser

Für den Brotteig:

50 g Sauerteig
3/4 l lauwarmes Wasser
750 g Roggenschrotmehl
250 g Weizenmehl
2 TL Salz
40 g Hefe

Für ca. 24 Semmeln:

1/2 Rezept Brotteig
25 g Kümmel

KÜCHENGERÄTE

Backblech
2 große Schüsseln
2 Küchentücher
Kochlöffel
Tasse
Backpinsel
Messer

ZEIT

Vorbereitungszeit:
1 Stunde

Backzeit:
1 Stunde 30 Minuten

Ruhezeit:
2 Tage; über Nacht;
5 Stunden

WICHTIGE TIPS

1. Für das Gelingen des Sauerteigs ist während der Gärungsphase eine gleichbleibende Temperatur von ca. 30–35 Grad notwendig. Ist dies nicht gewährleistet, kann es passieren, daß der Sauerteig nicht nach frischem Roggenbrot, sondern nach Essig riecht und unbrauchbar ist.
2. Gemahlenes Getreide muß stets trocken, luftig und geschützt vor fremden Aromaträgern aufbewahrt werden.

ZUBEREITUNG ROGGENBROT

1. Für den Sauerteig Roggenmehl und Wasser verrühren.

2. Sauerteig mit warmem Wasser verrühren.

3. Sauerteig zusammen mit der Hefe in die Mehlmulde geben.

4. Mehl, Hefe und Sauerteig miteinander verrühren.

5. Teig mit den Händen kräftig kneten.

6. Teig zur Kugel formen.

7. Teigkugel mit einem Tuch abdecken.

8. Den geformten Brotlaib auf das bemehlte Blech legen.

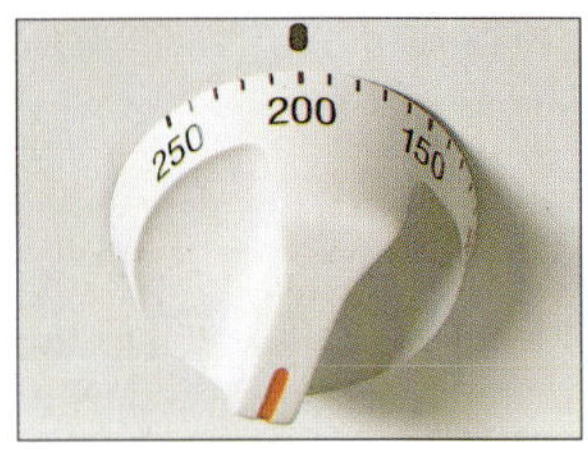

9. Backofen auf 200 Grad vorheizen.

10. Brotlaib mit Wasser bestreichen.

11. Brotlaib mit einem Messer einkerben.

12. Auf unterster Schiene ca. 1 1/2 Stunden backen.

ZUBEREITUNG KÜMMELSEMMELN

13. Teigrolle in ca. 24 Stücke à 50 g schneiden.

14. Teigstücke mit der Hand rundschleifen.

15. Teigkugeln mit der Hand flachdrücken.

16. Semmeln mit Wasser bestreichen.

17. Mit Kümmel bestreuen und einschneiden.

18. Fertiggebackene Kümmelsemmeln.

REZEPT

1. Für den Sauerteig das Roggenmehl mit so viel Wasser verrühren, daß ein weicher Brei entsteht. Mit 2 feuchten Tüchern zudecken und warm stellen. Nach 2 Tagen schäumt der Sauerteig und wirft Bläschen.
2. Den Sauerteig mit 1/2 l lauwarmem Wasser gut verrühren.
3. Roggen- und Weizenmehl in eine vorgewärmte Schüssel geben. In die Mitte eine Mulde drücken und den Sauerteig und die zerbröckelte Hefe hineingeben. Etwa die Hälfte des Mehles mit Sauerteig und Hefe verrühren, bis ein dickflüssiger Teig entstanden ist. Mit 2 Tüchern zudecken und an einem warmen Ort über Nacht gehen lassen.
4. Das restliche lauwarme Wasser sowie das Salz zum Teig geben. Das gesamte Mehl mit dem Teig verrühren und so lange kneten, bis der Teig fest ist. Zu einer Kugel formen, mit einem Tuch zudecken und nochmals 3 Stunden an einem warmen Ort gehen lassen.
5. Mit bemehlten Händen einen runden, nicht zu hohen Laib formen und auf das mit etwas Mehl bestaubte Backblech legen. Nochmals 1–2 Stunden gehen lassen. Während dieser Zeit das Brot 3–4 mal mit lauwarmem Wasser bestreichen.
6. Backofen auf 200 Grad vorheizen.
7. Den Laib mit einem Messer karoförmig einschneiden und auf der untersten Schiene ca. 90 Minuten backen. Danach den Backofen ausschalten, das Brot herausnehmen, mit kaltem Wasser bestreichen und zum Trocknen nochmals einige Minuten in den ausgeschalteten, aber noch warmen Backofen geben.

Variation:
Die Semmeln wie oben beschrieben vorbereiten und bei 200 Grad ca. 20 Minuten backen.

Vollkornbrot

WARENKUNDE

Hirse und Kleie

Der Trend zum Backen mit Vollkornmehl und ausgefallenen Getreidesorten ist ungebrochen. Dabei sollte man jedoch darauf achten, daß alle Mehlsorten unterschiedliche Kleberanteile aufweisen. Kleber ist ein Eiweißstoff im Korn, der Flüssigkeit bindet und dem Teig sein »elastisches Gerüst« verleiht. Aus diesem Grund sollte ein gewisser Anteil an kleberreichem Weizenmehl niemals unterschritten werden.
Hirse, ein uraltes Rispengetreide und lange Zeit aus den Küchen so gut wie verschwunden, enthält sehr wenig Kleber und sollte immer gemischt werden. Kleie ist eigentlich ein Abfallprodukt der Mehlherstellung. Es enthält die beim Schälen des Korns anfallenden zerkleinerten Schalenbestandteile sowie den Keimling. In der Vollwert-Backstube vermehrt Kleie den Anteil gesunder Ballaststoffe im Teig.

ZUTATEN

50 g Roggenkörner (zum Einweichen)
150 g Roggen
250 g Weizen
300 g Buttermilch
60 g Hefe
150 g Quark
1 EL Honig
1 gestrichener TL Salz (10 g)
20 g Kleie
50 g Haferflocken
50 g Hirse
1 EL Haferflocken zum Bestreuen

KÜCHENGERÄTE

Kastenform, 26 cm lang
Küchenmaschine
1 große Schüssel
Küchentuch
hitzebeständige Schale
Gabel
Backpinsel

ZEIT

Vorbereitungszeit:
50 Minuten

Backzeit:
50 Minuten

Ruhezeit:
Über Nacht; 1 Stunde

WICHTIGER TIP

In vielen Geschäften können Sie das Getreide auch gleich mahlen lassen. Das ist besonders dann praktisch, wenn Sie sich erst einmal vertraut machen wollen mit dem Umgang mit Vollkornmehl. Allerdings sollten Sie jeweils nur die im Augenblick benötigten Getreidemengen mahlen lassen, damit der Rest nicht oxydiert (das heißt, daß sich in relativ kurzer Zeit Aroma, wertvolle Fettsäuren und Vitamine abbauen) oder gar ranzig wird.

ZUBEREITUNG VOLLKORNBROT

1. Roggenkörner über Nacht in Wasser einweichen.

2. Getreide mahlen.

3. Buttermilch zum Mehl geben.

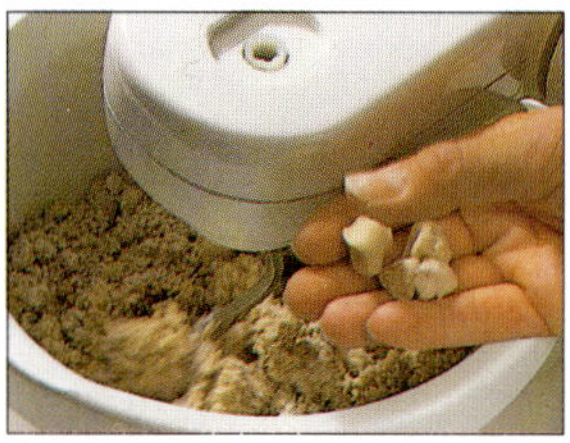

4. Hefe zerbröckeln und dazugeben.

5. Quark dazugeben.

6. Honig dazugeben.

7. Salz und Kleie dazugeben.

8. Haferflocken dazugeben.

9. Hirse dazugeben und alles gut vermengen.

10. Die abgetropften Roggenkörner dazugeben.

11. Teig mit einem Tuch abdecken und 20 Minuten ruhen lassen.

12. Teig zu einer Rolle formen.

13. Teig in die Kastenform legen.

14. Teig etwas flachdrücken.

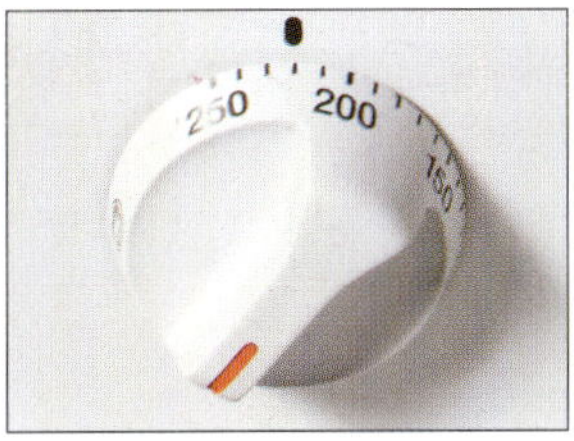

15. Backofen auf 220 Grad vorheizen.

16. Teig mit Wasser bepinseln.

17. Mit Haferflocken bestreuen.

18. Auf unterster Schiene 50 Minuten backen.

REZEPT

1. Die Roggenkörner mit Wasser bedeckt über Nacht einweichen.
2. Die beiden Getreidesorten fein mahlen, Buttermilch und zerbröckelte Hefe zugeben. Quark, Honig, Salz, Kleie, Haferflocken und Hirse sowie die gut abgetropften Roggenkörner untermengen.
3. In der Küchenmaschine mit dem Knethaken zu einem festen, aber elastischen Teig verkneten. Zugedeckt 20 Minuten ruhen lassen.
4. Danach den Teig nochmals gut durchkneten und zu einer Rolle formen.
5. Die Kastenform mit etwas Mehl ausstreuen, den Teig hineinlegen und etwas flachdrücken. Zugedeckt 30–40 Minuten gehen lassen.
6. Backofen auf 220 Grad vorheizen. Ein Gefäß mit heißem Wasser auf das Backblech stellen.
7. Die Teigoberfläche mit etwas Wasser bestreichen und mit den Haferflocken bestreuen. Mit einer Gabel mehrmals einstechen.
8. Auf der unteren Schiene etwa 50 Minuten backen. Etwas abkühlen lassen und aus der Form nehmen.

Kräuter-Speckkuchen

WARENKUNDE

Grahammehl

Nach dem amerikanischen Arzt S. Graham (1794–1851) ist ein Diätbrot in Kastenform benannt, welches ohne Salz und Hefe oder Sauerteig gebacken wird. Zu seiner Herstellung verwendet man das Grahammehl, ein feines Weizen-Vollkornmehl. Grahambrot ist deshalb reich an gesunden Ballaststoffen.

ZUTATEN

Für den Mürbeteig:

200 g Grahammehl
100 g gewürfelte Butter
1/4 TL Salz
4 EL Wasser

Für die Füllung:

200 g durchwachsener Räucherspeck
150 g Emmentaler
4 Eier
2–3 EL frische Kräuter (Petersilie, Basilikum, etwas Thymian)
1/4 TL Salz
1/4 TL frisch gemahlener Pfeffer
1/4 l Sahne

KÜCHENGERÄTE

Obstkuchenform, 24 cm Durchmesser
Mehlsieb
Messer, Gabel
Palette
2 große Schüsseln
Klarsichtfolie
Nudelholz
Käsereibe
Wiegemesser
Schneebesen

ZEIT

Vorbereitungszeit:
50 Minuten

Backzeit:
35 Minuten

Ruhezeit:
30 Minuten

WICHTIGE TIPS

1. Den Mürbeteig möglichst rasch zubereiten, damit die Butter nicht zu weich wird (siehe auch Grundrezept Seite 52/53).
2. Der Speck sollte nicht zu salzig sein – eventuell mit der Zugabe von Salz vorsichtig sein.
3. Der Speckkuchen schmeckt warm am besten.

ZUBEREITUNG KRÄUTER-SPECKKUCHEN

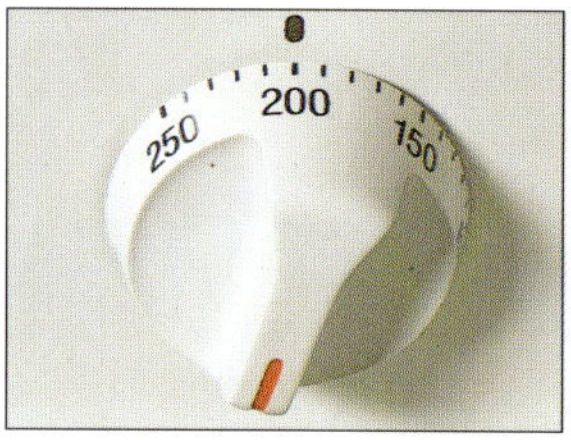

1. Backofen auf 200 Grad vorheizen.

2. Form mit dem Teig auslegen, überstehenden Teig abschneiden.

3. Den Teigrand andrücken.

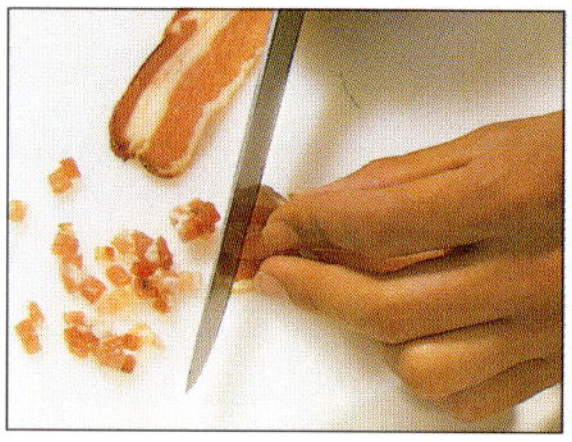

4. Speck in kleine Würfel schneiden.

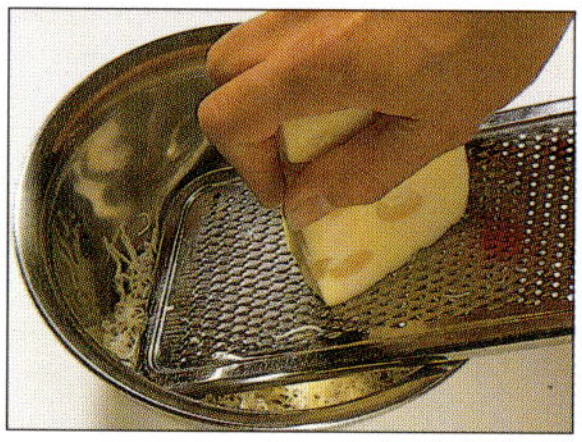

5. Käse auf der Reibe raspeln.

6. Käse zum Speck geben.

7. Eier aufschlagen und dazugeben.

8. Kräuter fein hacken, mit Salz und Pfeffer dazugeben.

9. Sahne dazugießen.

10. Mit dem Schneebesen alles gut verrühren.

11. Masse auf dem Teig gleichmäßig verteilen.

12. Auf mittlerer Schiene 35 Minuten backen.

REZEPT

1. Mehl auf eine Arbeitsfläche sieben. In der Mitte eine Mulde formen und Butter und Salz hineingeben. Mit einer Palette gut vermischen und zu Krümeln hacken. Das Wasser zugeben. Mit den Händen alles zu einem glatten Teig verkneten und zu einer Kugel formen. Die Teigkugel in Folie wickeln und etwa 30 Minuten kühlen.
2. Den Backofen auf 200 Grad vorheizen.
3. Den gleichmäßig dick ausgerollten Teig mit einem Nudelholz aufnehmen und ihn über der Backform wieder abrollen. Mit den Fingern oder einer Teigkugel den Rand andrücken. Überstehenden Teig mit einem Messer abschneiden.
4. Den Räucherspeck in kleine Würfel schneiden und den Käse raspeln. Beides in eine Rührschüssel geben. Die Eier zugeben. Die Kräuter hacken und mit Salz und Pfeffer zugeben. Zum Schluß die Sahne zugießen. Mit einem Schneebesen alle Zutaten kurz verrühren, aber nicht schlagen, damit sich die Masse nicht grün verfärbt.
5. In die mit Teig ausgelegte Form gießen und die Zutaten mit einer Gabel gleichmäßig verteilen.
6. Den Kräuter-Speckkuchen auf der mittleren Schiene 35 Minuten backen.

Kartoffelkuchen

1. 50 g durchwachsenen Speck würfeln und in 1 EL Keimöl knusprig braten.
2. 500 g gekochte Kartoffeln schälen und fein reiben.
3. 250 g Sauerrahm mit 3 Eiern, 100 g geriebenem Raclett-Käse und 3 EL feingeschnittenem Schnittlauch verrühren. Kartoffeln und Speck untermischen. Mit Salz und Pfeffer abschmecken.
4. Füllung auf dem Teigboden verteilen und bei 200 Grad 35–40 Minuten backen.

Pizza

WARENKUNDE

Basilikum
Eines der einfachsten, schmackhaftesten und zugleich typischsten Gerichte der italienischen Küche – Mozzarellakäse mit Tomaten und Basilikum – trägt die Nationalfarben Italiens: Grün-Weiß-Rot. Die grüne Farbe repräsentiert das Basilikum, ein einjähriges Kräutlein mit sehr feinen Blättern, die ein besonders apartes Aroma verströmen. Am besten verwendet man die frischen Blätter, was kein Problem ist, wenn man Basilikum zu Hause auf dem Küchenbalkon zieht. Bei gekochten Speisen sollte man das frische Gewürz frühestens 10 Minuten vor dem Servieren dazugeben.

Olivenöl
Das flüssige Fett aus dem Fruchtfleisch der Olive, das Olivenöl, gibt es in höchst unterschiedlichen Qualitäten. Am wertvollsten ist das Native Olivenöl extra, auch Jungfernöl genannt. Es stammt immer aus der ersten Pressung und besitzt einen besonders intensiven Eigengeschmack. Die anderen Ölsorten werden aus weiteren Pressungen gewonnen.

ZUTATEN

Für den Teig:

300 g Mehl
20 g Hefe
1/8 l lauwarmes Wasser
1/2 TL Salz
2 EL Olivenöl

Für den Belag:

1 Zwiebel
500 g Tomaten
2 gelbe Paprikaschoten
1/2 Dose Artischockenherzen
2 Kugeln Mozzarella
100 g italienische Salami
4–5 Sardellenfilets
1 TL Salz
schwarzer Pfeffer
2 EL Basilikum und Oregano
4 EL Olivenöl
10 schwarze Oliven

KÜCHENGERÄTE

Backblech
1 große Schüssel
Mehlsieb
Kochlöffel
Küchentuch
Messer
Sieb

ZEIT

Vorbereitungszeit:
45 Minuten

Backzeit:
20–25 Minuten

Ruhezeit:
30–40 Minuten

WICHTIGER TIP

Der Boden kann auch mit Vollkornmehl gebacken werden. Als Belag eignen sich auch Fisch oder Meeresfrüchte, Schinken, Pfefferschoten etc.

ZUBEREITUNG PIZZA

1. Hefe und lauwarmes Wasser in die Mehlmulde geben.

2. Hefe leicht verrühren und auflösen.

3. Salz und Öl zugeben, wenn der Vorteig Risse aufweist.

4. Alle Zutaten zum Teig verarbeiten.

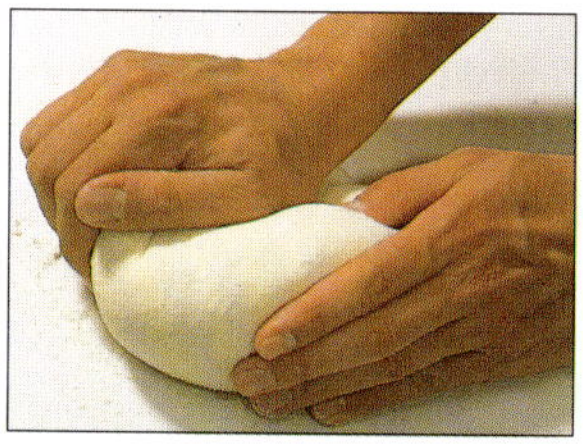

5. Den Teig kräftig durchkneten.

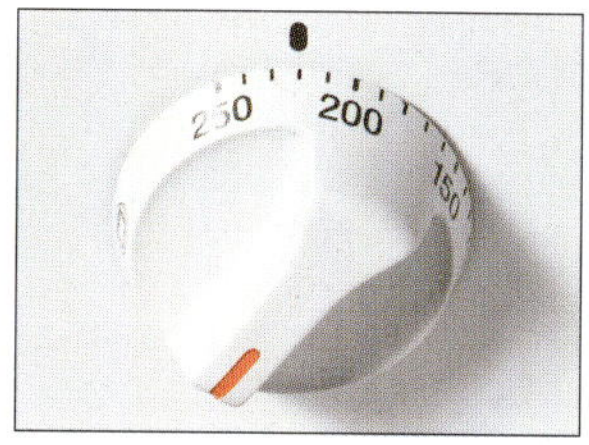

6. Backofen auf 220 Grad vorheizen.

7. Teig mit dem Nudelholz ausrollen.

8. Teigrand mit dem Daumen andrücken.

9. Pizza mit den Zutaten belegen.

10. Gewürze über die Pizza streuen.

11. Olivenöl darüberträufeln.

12. Auf mittlerer Schiene ca. 25 Minuten backen.

REZEPT

1. Das Mehl in eine Schüssel sieben, in die Mitte eine Mulde drücken und die zerbröckelte Hefe hineingeben. Das lauwarme Wasser zugeben und einen Vorteig anrühren. Gehen lassen, bis der Vorteig Risse zeigt.
2. Salz und Öl zugeben. Alles zusammen verrühren und zu einem elastischen Teig kneten. Leicht mit Mehl bestauben und mit einem Tuch abdekken. 15–20 Minuten an einem warmen Ort gehen lassen.
3. Den Backofen auf 220 Grad vorheizen.
4. Den fertigen Teig auf einer mit Mehl bestreuten Arbeitsfläche rund ausrollen, auf ein leicht gefettetes Blech legen und den Rand mit dem Daumen andrücken.
5. Die Zwiebel in Ringe, die Tomaten in Scheiben und die Paprikaschoten in Streifen schneiden. Die Artischockenherzen abtropfen lassen und halbieren. Mozzarella in feine Scheiben schneiden.
6. Die Gemüse abwechselnd mit Mozzarella, Salamischeiben und Sardellenfilets auf dem Teig anordnen und mit den Gewürzen bestreuen.
7. Die Pizza nochmals etwa 10 Minuten gehen lassen, dann mit dem Olivenöl beträufeln und mit den Oliven belegen.
8. Auf der mittleren Schiene 20–25 Minuten backen.

PIZZABROT

1. Unter den fertigen Pizzateig 1 TL Oregano und 2 feingehackte Knoblauchzehen kneten, zu einem Fladen ausrollen. Auf ein gefettetes Blech legen und mit einer Gabel mehrmals einstechen, wieder kurz gehen lassen.
2. Fladen mit etwas Oregano und Salz bestreuen, mit 4 EL Olivenöl beträufeln. Bei 220 Grad in etwa 15 Minuten goldbraun backen.
Das Pizzabrot kann warm oder kalt gegessen werden und wird zu einem frischen Salat gereicht.

Zucchini-Torteletts

WARENKUNDE

Parmesan
Parmesan gehört zu den Extra-Hartkäsen. Deshalb ist es nicht verwunderlich, daß man zu seiner Zerkleinerung auch spezielle Reiben, Mühlen oder das olivenförmige Parmesanmesser benötigt.
Parmesan wird aus Kuhmilch hergestellt, mild gesalzen, und muß mindestens zwei Sommer lang in speziellen Kellern reifen. Nach genauer Qualitätsprüfung werden von Kontrolleuren Brandsiegel auf den großen Käselaiben angebracht, die dem Käufer die Güte garantieren.

ZUTATEN
für 8 Torteletts

Für den Teig:
250 g Mehl
125 g Butter
1 Eigelb
1 Prise Salz
1-2 EL Wasser
Linsen zum Blindbacken

Für die Füllung:
6 Tomaten
400 g Zucchini

Für den Guß:
100 g Gruyère
100 g Parmesan
1/4 l Sahne
2 Eier
Salz
etwas Pfeffer
1/2 TL scharfes Paprikapulver

Petersilie zum Garnieren

KÜCHENGERÄTE

8 Obstkuchenförmchen, 11 cm Durchmesser
Mehlsieb
Palette
Klarsichtfolie
Nudelholz
Ausstechform, 13–14 cm Durchmesser
Kasserolle
Käsereibe
1 große Schüssel
Schneebesen

ZEIT

Vorbereitungszeit:
50 Minuten

Backzeit:
15 – 20 Minuten

Ruhezeit:
30 Minuten

WICHTIGER TIP

Bei der Herstellung des Mürbeteigs möglichst rasch arbeiten, damit die Butter nicht zu weich wird.

ZUBEREITUNG ZUCCHINI-TORTELETTS

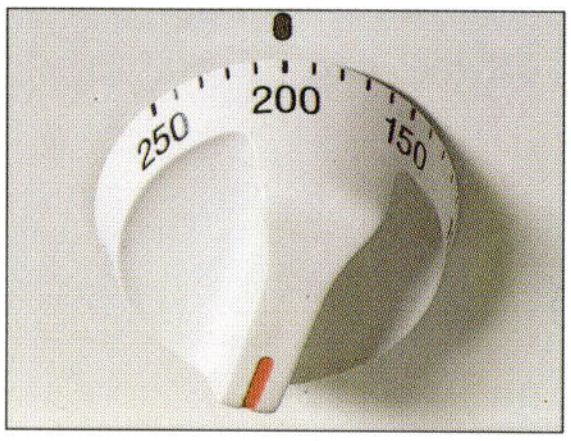

1. Backofen auf 200 Grad vorheizen.

2. Die eingeritzten und kurz überbrühten Tomaten häuten.

3. Tomaten vierteln und entkernen.

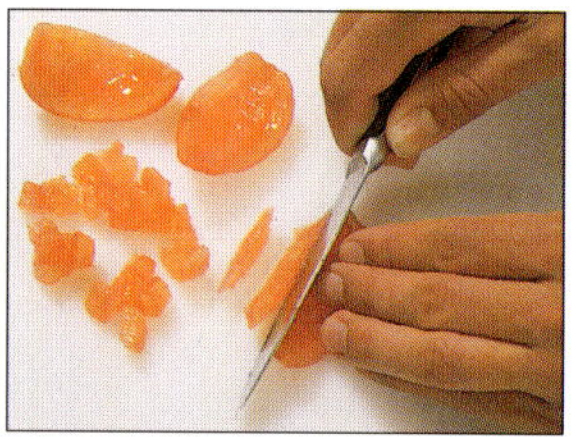

4. Tomatenviertel in feine Würfel schneiden.

5. Zucchini in feine Scheiben schneiden.

6. Parmesan fein reiben.

7. Parmesan zur Sahne-Ei-Masse geben und verrühren.

8. Etwas Käsemasse auf den vorgebackenen Torteletts verteilen.

9. Zucchini fächerartig einschichten.

10. Tomatenwürfel zwischen die Zucchinischeiben legen.

11. Restliche Käsemasse darauf verteilen.

12. Auf mittlerer Schiene 20 Minuten backen.

REZEPT

1. Das Mehl auf eine Arbeitsfläche sieben. In der Mitte eine Mulde formen und die in grobe Würfel geschnittene Butter, das Eigelb und das Salz hineingeben. Mit einer Palette gut vermischen und zu Krümeln hacken. Das Wasser zugeben. Mit den Händen alles zu einem glatten Teig verkneten und zu einer Kugel formen. Die Teigkugel in Folie wickeln und etwa 30 Minuten kühlen.
2. Danach den Teig auf leicht bemehlter Arbeitsfläche 3–4 mm stark ausrollen.
3. Den Backofen auf 200 Grad vorheizen.
4. Aus dem Teig 8 Kreise von 13–14 cm Durchmesser ausstechen und die Förmchen damit auslegen. Mit Linsen füllen und 10 Minuten auf der mittleren Schiene backen. Aus dem Ofen nehmen und die Linsen entfernen.
5. Die Tomaten einritzen, kurz in heißes Wasser halten und häuten. Danach entkernen und würfeln. Die Zucchini waschen und in feine Scheiben schneiden. Die beiden Käsesorten reiben.
6. Sahne, Eier, Gewürze und Käse mit einem Schneebesen vermischen. Etwas Käsemasse in die vorgebackenen Förmchen geben, die Zucchinischeiben fächerartig einschichten, die Tomatenwürfel zwischen die Scheiben legen und die restliche Käsemasse darüber verteilen.
7. Auf der mittleren Schiene in 20 Minuten goldgelb backen. Mit Petersilie bestreuen und servieren.

VARIATION

Statt der Zucchini kann auch anderes Gemüse verwendet werden. Hartes Gemüse wie Karotten oder Brokkoli muß vorher blanchiert werden.

Gorgonzolaringe

WARENKUNDE

Sbrinz
Hierbei handelt es sich um einen Extra-Hartkäse aus der Schweiz, dem Parmesan vergleichbar, jedoch wesentlich fettreicher. Sbrinz ist ein Rohmilchkäse, dessen 20 bis 45 kg schwere Laibe bis zu zwei Jahre reifen müssen. Er wird zumeist als Reibekäse verwendet.

Gorgonzola
Dieser italienische Käse-Klassiker gehört zur Gruppe der Blauschimmelkäse. Sein Name kommt von der gleichnamigen Stadt nordöstlich von Mailand, in deren Gegend früher die von den Bergen kommenden Kuhherden überwinterten. Erstklassige Gorgonzola verdanken ihr einzigartiges Aroma einem gelungenen Zusammenspiel des Schimmels im Inneren mit der kräftigen Käseflora auf der Rinde.

ZUTATEN
für ca. 20 Stück

Für den Teig:

150 g Butter
60 g geriebener Sbrinz
120 g geriebener Greyerzer
1/2 TL Salz
1 TL edelsüßes Paprikapulver
1/2 Tasse Sahne
250 g Mehl
1/2 TL Backpulver
1 Eigelb zum Bestreichen
Sesam zum Bestreuen

Für die Käsecreme:

150 g Gorgonzola
200 g Frischkäse
1 Eigelb
1 Prise Salz
weißer Pfeffer

KÜCHENGERÄTE

Backblech
2 große Schüsseln
Kochlöffel
Mehlsieb
Klarsichtfolie
Nudelholz
Ausstechformen, 5 cm Durchmesser
Backpinsel
Sieb
Spritzbeutel mit Lochtülle Nr. 6
Eßlöffel

ZEIT

Vorbereitungszeit:
50 Minuten

Backzeit:
10–15 Minuten

Ruhezeit:
2 Stunden

WICHTIGER TIP

Bei der Herstellung des Teigs möglichst rasch arbeiten, damit er nicht brüchig wird.

ZUBEREITUNG GORGONZOLARINGE

1. Sahne zu Butter, Käse und Gewürzen gießen.

2. Buttermasse mit dem Mehl verkneten.

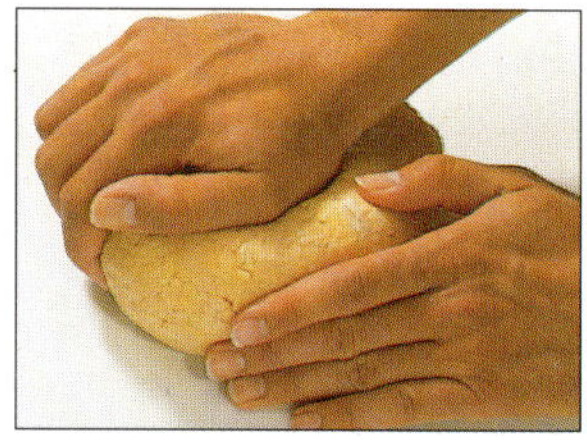

3. Alle Zutaten zu einem Teig verkneten.

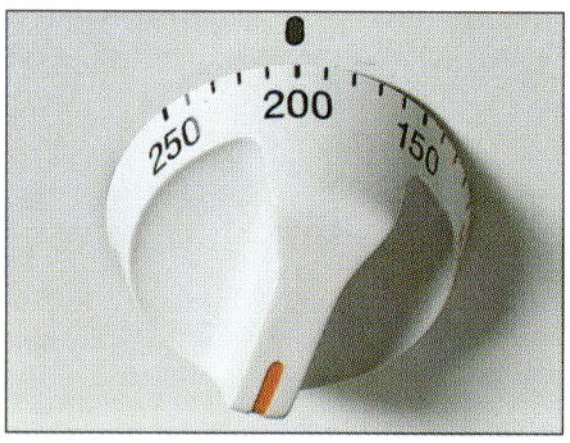

4. Backofen auf 200 Grad vorheizen.

5. Teig mit dem Nudelholz ausrollen.

6. Aus dem Teig ca. 40 Ringe ausstechen.

7. Auf das Blech setzen, die Hälfte mit Eigelb bestreichen.

8. Die mit Eigelb bestrichenen Ringe mit Sesam bestreuen.

9. Auf mittlerer Schiene 10 Minuten backen.

10. Gorgonzola durch ein Sieb streichen.

11. Käsemasse auf die Hälfte der Ringe spritzen.

12. Die Sesamringe auf die Käsefüllung setzen.

REZEPT

1. Die weiche Butter, Käse, Gewürze und Sahne mit einem Kochlöffel zu einer glatten Masse verarbeiten. Es dürfen keine Butterstücke mehr sichtbar vorhanden sein.
2. Das Mehl mit dem Backpulver auf eine Arbeitsfläche sieben und mit den Händen unter die Buttermasse kneten. Dabei zunächst alles bröselig verreiben, dann zu einem glatten Teig verkneten.
3. Zu einer Kugel formen und in Folie gewickelt etwa 2 Stunden im Kühlschrank ruhen lassen.
4. Den Backofen auf 200 Grad vorheizen.
5. Den Teig auf der leicht mit Mehl bestaubten Arbeitsfläche 1/2 cm dick ausrollen und ca. 40 Ringe von je 5 cm Ø ausstechen. Die Hälfte davon mit Eigelb bestreichen und mit Sesam bestreuen.
6. Auf der mittleren Schiene 10–15 Minuten backen. Vom Blech nehmen und abkühlen lassen.
7. Für die Creme den Gorgonzola durch ein Sieb streichen, mit Frischkäse, Eigelb, Salz und Pfeffer verrühren. In einen Spritzbeutel mit Lochtülle Nr. 6 füllen und auf die nicht mit Sesam bestreuten Ringe spritzen. Die Sesamringe daraufsetzen.

VARIATIONEN

1. Die Ringe können statt mit Gorgonzola auch mit Frischkäse gefüllt werden. Dafür den Frischkäse mit gehackter Petersilie, Salz, Pfeffer und etwas Paprikapulver abschmecken.
2. Aus diesem Teig können beliebige Formen ausgestochen werden. Mit Kümmel, Mohn, Sesam, grobem Salz oder gehackten Pistazien bestreut, kann man sie als einfaches Käsegebäck servieren.

Schneller Apfelstrudel

ZUTATEN

2 Päckchen Strudelteig à 100 g
60 g Butter

Für die Füllung:

60 g Semmelbrösel
100 g geriebene Mandeln
2 TL Puderzucker
40 g Butter
1 kg Äpfel (Cox Orange)
40 g Zucker
1/2 TL Zimt
50 g Rosinen

KÜCHENGERÄTE

Backblech
Backpinsel
Kasserolle
Eßlöffel
1 große Schüssel
Pfanne
Küchentuch

ZEIT

Vorbereitungszeit:
20 Minuten

Backzeit:
30 – 35 Minuten

VORBEREITUNG DER FÜLLUNG

1. Die Semmelbrösel mit Mandeln und Puderzucker mischen und mit der Butter in einer Pfanne hell anrösten. Beiseite stellen.
2. Die Äpfel schälen, kleinschneiden und mit Zucker, Zimt und Rosinen mischen.

ZUBEREITUNG APFELSTRUDEL

1. Strudelteig auf feuchtem Tuch ausbreiten, mit flüssiger Butter bestreichen.

2. Zweites Päckchen Teig leicht überlappend darüberlegen und ebenfalls buttern.

3. Mit der Mandel-Brösel-Puderzucker-Mischung bestreuen.

4. Apfelmischung darauf gleichmäßig verteilen. Rand frei lassen.

5. Mit Hilfe des Tuches den Strudel ganz vorsichtig aufrollen.

6. Mit Butter bestreichen und bei 180 Grad 30 – 35 Minuten backen.

Schnelles Blätterteiggebäck

ZUTATEN
für 10 Stück

1 Packung tiefgekühlter Blätterteig (300 g = 5 Platten)
1 Eigelb
80 g Konfitüre oder 120 g Aprikosenhälften (aus der Dose)
100 g Zwetschgen
100 g abgezupfte Johannisbeeren
2 EL Aprikotur

KÜCHENGERÄTE

Backblech
Backpinsel
Messer
Teelöffel, Gabel

ZEIT

Vorbereitungszeit:
15 Minuten

Backzeit:
10–15 Minuten

Ruhezeit:
15 Minuten

VOR- UND ZUBEREITUNG

1. Die tiefgekühlten Blätterteigplatten aus der Packung nehmen, auseinanderlegen und halbieren. Auf ein mit Wasser abgespültes Backblech legen und antauen lassen.
2. Die garnierten Blätterteigschnitten vor dem Backen 10-15 Minuten ruhen lassen.
3. Auf mittlerer Schiene bei 225 Grad backen.

ZUBEREITUNG BLÄTTERTEIGGEBÄCK

1. Die Blätterteigplatten halbieren.

2. Die Blätterteigquadrate mit Eigelb bestreichen.

3. Jeweils 1 TL Konfitüre auf die Mitte der Quadrate setzen.

4. Zu Dreiecken zusammenklappen, Ränder mit einer Gabel andrücken.

5. Variante: Mit den Früchten belegen. Ränder mit Eigelb bestreichen.

6. Etwas abkühlen lassen und Ränder mit heißer Aprikotur bestreichen.

Alphabetisches Rezeptregister

Feiner Backen mit Speisestärke

„Soll das Backen gut gelingen, muß man die besten Zutaten bringen", so lautet eine alte Küchen-Weisheit. Und wie jede erfahrene Hausfrau weiß, gehört MONDAMIN Feine Speisestärke dazu. MONDAMIN ist ein Produkt aus reiner Maisstärke.

Wie backen Sie mit MONDAMIN Feine Speisestärke?
Zunächst wählen Sie die klassischen Backzutaten wie gewohnt: Fett, Eier, Zucker und Mehl. Dabei sollten Sie einen Teil des Mehls durch MONDAMIN Feine Speisestärke ersetzen. Das ist die Garantie für einen wunderbar zarten, feinporigen und sandigen Kuchen. Je nach Art des Gebäcks werden Ihnen folgende Tips eine Hilfe sein:

Biskuitteig gelingt zarter, wenn Sie das Mehl bis zur Hälfte durch MONDAMIN Feine Speisestärke ersetzen, z.B. für Torten und Biskuitrollen.
Rührteig wird feiner, wenn Sie die angegebene Mehlmenge bis zur Hälfte durch MONDAMIN Feine Speisestärke austauschen, z.B. bei Sandkuchen und Marmorkuchen.
Mürbeteig sollte mit einem Viertel bis zu einem Drittel MONDAMIN Feine Speisestärke statt Mehl zubereitet werden, z.B. bei Tortenböden und Kleingebäck.

Übrigens: weitere Tips für das Backen mit MONDAMIN Feine Speisestärke finden Sie in unseren kleinen Rezeptbroschüren, die Sie kostenlos bei uns anfordern können. Schreiben Sie einfach an: Treffpunkt Küche, Postfach 2650, 74016 Heilbronn, Kennwort: „Backen"

Sachregister